AF230612

DE LA
POLITIQUE RATIONNELLE

DE

LA FRANCE A L'EXTÉRIEUR

> Celui qui n'est point avec moi est contre moi ;
> et celui qui n'amasse point avec moi, dissipe.
>
> *(Évangile.)*

PRIX : 1 fr. 50 c.

PARIS

F. CHAMEROT, LIBRAIRE-ÉDITEUR

RUE DU JARDINET, 13

1859

Paris. — Imprimerie de L. MARTINET, rue Mignon, 2.

DE LA
POLITIQUE RATIONNELLE
DE
LA FRANCE A L'EXTÉRIEUR

I.

A la veille, peut-être, des événements considérables qui éclateront sans doute inévitablement, non-seulement en Europe, mais encore dans le monde entier, avant la fin de ce présent siècle : événements desquels résultera, très vraisemblablement, un remaniement équitable de la carte de l'Europe ; la reconstitution, suivant leur autonomie propre et d'après leurs limites naturelles, de toutes les Nationalités opprimées ; le renversement définitif et complet de toutes les pourritures vermoulues du vieil ordre Aristocratique et féodal ; et l'instauration splendide, sur des bases normales et indestructibles, de l'ordre de choses nouveau : à la veille peut-être, disons-nous, de l'explosion fatale de ces événements nécessaires, il s'agit de savoir si cette généreuse France, dans la conduite de sa Politique extérieure, doit continuer d'arborer la devise honteuse et stupide du *Chacun chez soi, chacun pour soi,* proclamée un jour à la Tribune française, au déshonneur de son pays, sous le Roi Louis-Philippe, par un homme, l'opprobre de son temps, que n'a fait reculer aucune trahison, et que connaissent familièrement tous les genres d'apostasie : ou bien, s'il convient mieux d'inscrire, au noble drapeau de la France, une autre formule, comme celle, par exemple, *de la Solidarité universelle de tous les hommes et de tous les Peuples*, plus conforme aux divins préceptes de la morale du Christ, plus convenante au tempérament généreux et désintéressé de la nation, plus véritablement utile à tous ses intérêts réels, présents et futurs, et plus apte enfin à lui assurer, parmi tous les peuples, la prépondérance morale et la suprématie spirituelle, que sa destinée particulière, et sa mission bien marquée, la poussent à rechercher et à acquérir, au dehors de ses frontières, avant toutes autres choses.

C'est ce que je me propose d'examiner rapidement en cet écrit, me proposant, en même temps, de rechercher et de déterminer quelles sont les bases fondamentales sur lesquelles doit reposer toute alliance internationale, rationnelle, solide et durable ; et, enfin, quels sont, parmi les peuples actuels de l'Europe, ceux qu'unissent le plus à la France ces liens de Solidarité, et avec qui la France, conséquemment, pour accomplir dignement son devoir et pour veiller sagement à ses intérêts, doit former une étroite alliance, de préférence aux autres peuples.

Mais, avant d'entrer en matière sur ce sujet, il nous paraît utile d'approfondir un peu ce qu'il nous faut entendre par ce terme de Solidarité, et ce qu'il comprend réellement.

II.

On dit de deux hommes, dans le langage ordinaire, qu'ils sont *solidaires*, quand les intérêts respectifs de ces hommes sont si étroitement engagés entre eux, attachés par des rapports tellement nécessaires, soumis à des lois tellement identiques, que tous les résultats, bons ou mauvais, occasionnés ou éprouvés par l'une des parties associées, le sont nécessairement aussi par l'autre partie, en proportion précise du degré ou de l'étroitesse du lien par lequel ils sont réciproquement unis.

La Solidarité, en ce sens, pourrait alors être définie : une liaison et une responsabilité mutuelle entre deux ou plusieurs parties, volontairement consentie, temporaire et réfléchie, s'exerçant entre ces parties, en proportion exacte du degré ou de la puissance du lien qui les tient réciproquement unies.

Voyons si une Solidarité de même espèce ; en d'autres termes, si une liaison, une connexion et une responsabilité semblables, avec cette différence, toutefois, qu'au lieu d'être temporaire, elle est éternelle ; au lieu d'être réfléchie, elle est généralement inconsciente ; au lieu d'être volontairement consentie, elle est fatale absolument, et résulte invinciblement des lois elles-mêmes de la Nature : voyons, dis-je, si une telle Solidarité n'existe pas, à leur insu, non-seulement entre deux ou plusieurs hommes de même famille, de même race, de même nation et de même Religion, mais encore entre tous les hommes quels qu'ils soient qui peuplent la surface de la Terre, à quelque famille, race, nation ou Religion qu'ils appartiennent.

III.

Deux ou plusieurs choses ou deux ou plusieurs êtres sont solidaires entre eux dans la Nature, — quels que soient la distance qui les sépare, l'intervalle de temps qui se doive écouler pour que se produisent les effets de la Solidarité, qu'ils en aient conscience ou non, et indépendamment même de la différence d'organismes qu'ils manifestent, — quand un ou plusieurs des phénomènes dont sont composés ces choses et ces êtres (car toutes les choses et tous les êtres de la nature sont constitués par des phénomènes) sont soumis à des lois identiques. Et en effet, il est bien évident que si les phénomènes dont sont composés deux choses ou deux êtres sont soumis à des lois identiques, ces phénomènes, ainsi que les choses et les êtres où ils se trouvent localisés, sont solidaires entre eux. Car qu'est-ce qu'être soumis à des lois identiques, sinon avoir ensemble un ou plusieurs points communs ? Qu'est-ce qu'avoir ensemble un ou plusieurs points communs, sinon entretenir ensemble des rapports nécessaires ? Et, enfin, qu'est-ce qu'entretenir ensemble des rapports nécessaires, sinon être liés les uns aux autres par une connexion fatale ; en d'autres termes, être réciproquement solidaires. Ainsi, pour prendre l'exemple le plus général, toutes les choses et tous les êtres de la nature manifestant ce point commun d'être soumis, en tant que corps ou qu'agrégations de molécules, aux lois de la pesanteur, entretiennent entre eux, par ce côté, des rapports nécessaires, et sont, par là, solidaires entre eux.

Mais établissons d'une manière plus précise encore cette importante doctrine de la Solidarité.

Toutes les choses et tous les êtres de la nature sont constitués par des phénomènes, qu'ils manifestent, et par qui ils sont manifestés à leur tour. Ce sont là deux termes corrélatifs, indispensables l'un à l'autre, et s'impliquant réciproquement. Point de choses ni d'êtres sans phénomènes ; et point de phénomènes, sans les choses et sans les êtres, qui sont, pour ainsi dire, comme le merveilleux théâtre où apparaissent, s'exercent et se développent, suivant leurs lois propres et spéciales, toute l'infinie variété des phénomènes. Or, parmi les phénomènes dont sont composés toutes les choses et tous les êtres de la nature, quels sont ceux qui, tout d'abord, sont soumis dans l'Être uni-

versel à des lois identiques? Ce sont évidemment les phénomènes *semblables* ou de même espèce. Par cela seul,
en effet, que deux phénomènes sont semblables ou de
même espèce, ils doivent nécessairement être soumis aux
mêmes lois, entretenir par conséquent des rapports nécessaires, être liés entre eux par une connexion fatale, et
conséquemment être réciproquement solidaires, dans
l'Être universel, ainsi que les choses et les êtres où ils se
trouvent placés; quels que soient la distance qui les sépare, l'intervalle de temps qui se doive écouler pour que
se produisent les effets de la Solidarité, qu'ils en aient conscience ou non, et indépendamment même de la différence
d'organismes qu'ils manifestent. Ainsi deux corps, que je
prends de même masse, soient une pierre et un homme,
quoique très différents d'organismes, manifestant toutefois ce phénomène semblable ou ayant ce point commun,
d'être, en tant qu'agrégations de molécules, soumis aux
lois de la pesanteur, lancés en même temps et d'une
même hauteur dans l'espace, se précipiteront vers la
terre avec une égale attraction et une égale vitesse.
Tous les phénomènes SEMBLABLES, *en quelque lieu qu'ils
se trouvent, sont donc soumis à des lois identiques dans
l'Être universel, et conséquemment solidaires entre eux.*

Mais non-seulement les phénomènes semblables, que
manifestent les choses et les êtres de la nature, sont soumis à des lois identiques et sont solidaires entre eux dans
l'Être universel; mais encore les phénomènes même *différents*, que manifestent ces choses et ces êtres, *localisés
et associés* entre eux en un même sujet, ces phénomènes
même différents, *par le fait seul de leur localisation et
de leur association forcée en un même être*, sont également solidaires entre eux et soumis aussi, outre leurs

lois particulières, à des lois identiques dans l'Être universel. Ainsi, pour rester dans l'exemple cité plus haut, si
un homme et une pierre sont solidaires entre eux, en tant
qu'ils manifestent ce point commun ou ce phénomène
semblable d'être tous les deux des corps ou des agrégations de molécules soumis aux lois de la pesanteur;
toutefois, l'homme, solidaire avec la pierre par tous les
phénomènes qui leur sont communs, n'est pas, comme
elle, un corps inorganique seulement. De plus que la
pierre il manifeste une foule de phénomènes différents,
comme ceux de la nutrition, de la circulation, de la res-
piration, de la locomotion, etc., soumis chacun à leurs lois
propres et spéciales. Et néanmoins, ces nouveaux phénomènes, bien que soumis à leurs lois particulières, devien-
nent, — par le fait seul de leur localisation et de leur
réunion en un même corps soumis déjà non-seulement
aux lois de la pesanteur, mais encore à celles de tous les
phénomènes inorganiques, — indirectement soumis eux-
mêmes aux lois de ces phénomènes, et, par conséquent,
solidarisés avec eux sous ce rapport. *Tous les phénomènes
même* DIFFÉRENTS, *localisés et réunis en un même sujet,
sont donc solidaires entre eux, par le fait même de cette
localisation et de cette réunion en un même individu.*

Ainsi, d'une part, tous les phénomènes *semblables*, en
quelque lieu qu'ils se trouvent, sont soumis à des lois
identiques et solidaires entre eux, dans l'Être universel,
ainsi que les choses et les êtres qui les manifestent : et,
d'autre part, tous les phénomènes même *différents*,
localisés et associés en un même sujet, sont solidaires
entre eux, par le fait même de cette localisation et de
cette association en un même individu : *donc, tous les
phénomènes, et les êtres où ils se manifestent, aussi bien*

SEMBLABLES *que* DISSEMBLABLES, *sont solidaires entre eux dans la Nature entière* : donc, entre toutes les choses et tous les êtres qui peuplent la Nature entière, et entre tous les phénomènes qu'ils manifestent, circule une Solidarité incessante, vivace, réciproque et universelle.

Maintenant quel est le degré de cette Solidarité? En d'autres termes, quelle est la mesure de la puissance ou de l'étroitesse du lien qui tient réciproquement et fatalement enchaînés les uns aux autres, dans l'Être universel, toutes les choses et tous les êtres de la nature? Il est bien évident que c'est le plus ou moins grand nombre de phénomènes semblables ou de points communs que ces choses et ces êtres manifestent. Et en effet, si deux choses ou deux êtres, qui manifestent un point commun ou un phénomène semblable, sont déjà enchaînés par des rapports nécessaires et solidaires entre eux, dans cette mesure, en l'Être universel : manifestant deux points communs ou deux phénomènes semblables, ils seront nécessairement deux fois plus enchaînés par des rapports nécessaires et deux fois plus solidaires : et conséquemment, plus ils manifesteront de points communs ou de phénomènes semblables, plus ils soutiendront ensemble de rapports nécessaires et plus ils seront réciproquement solidaires.

La Solidarité, parmi toutes les choses et tous les êtres de la Nature, est donc exactement proportionnelle au nombre de points communs ou de phénomènes semblables que ces choses et ces êtres manifestent.

Elle croît, parmi eux, en raison directe du nombre de leurs points communs ou de leurs phénomènes semblables ; et elle décroît, parmi eux, comme le nombre de ces points communs ou de ces phénomènes semblables (1).

(1) Pour plus amples détails de cette importante Doctrine de la Solida-

Or, parmi les choses et les êtres qui peuplent notre globe terrestre, quels sont ceux avec qui l'homme a le plus de points communs, ou manifeste le plus de phénomènes semblables? Quels sont ceux qui sont soumis, en même temps que l'homme, au plus grand nombre de lois identiques? Et quels sont conséquemment les choses et les êtres terrestres avec qui l'homme entretient le plus grand nombre de rapports nécessaires, avec lesquels il est enchaîné par les liens de la connexion la plus étroite, autrement dit, avec lesquels il est le plus solidaire?

Considérant, à partir des degrés les plus inférieurs, l'échelle ou la série des choses et des êtres qui peuplent l'étendue du globe terrestre, et examinant les rapports que l'homme entretient nécessairement avec ces choses et avec ces êtres, nous voyons que si l'homme a ce point commun ou manifeste ces phénomènes semblables, avec les individus qui composent le *Règne* appelé *minéral* ou inorganique, d'être, comme eux, un corps ou une agrégation de molécules, soumis aux lois de la pesanteur; il se différencie toutefois de ces individus du *Règne minéral*, et il s'en distingue d'une manière fort nette par une réunion beaucoup plus nombreuse, en sa personne, de phénomènes nouveaux, tels que ceux de la nutrition et de la reproduction, par exemple. Remontant l'échelle ou la série des choses et des êtres qui peuplent l'étendue du globe terrestre, et passant au *Règne* appelé *végétal*, nous voyons que si l'homme a ce point commun où manifeste ces phénomènes semblables avec les individus qui for-

rité, voyez l'*Éthique* de Spinoza, part. II, scholie du lemme VII, et part. IV, prop. xxix, xxx, xxxi, xxxii, xxxv, xxxvi, etc., ainsi que le chap. VI, § II, du très remarquable livre intitulé *Éléments de Science Sociale*, par M. Gilbert Villeneuve, à qui revient l'honneur d'avoir formulé le premier les lois générales de cette théorie. — *Chamerot*, éditeur.

ment le *Règne végétal*, d'être, comme eux, non-seulement un corps ou une agrégation de molécules, mais encore de manifester, avec eux, les phénomènes de la nutrition et de la reproduction, l'homme toutefois se différencie et se distingue encore d'une manière fort nette des individus de ce *Règne végétal*, par une réunion plus nombreuse, en sa personne, de phénomènes nouveaux, tels que ceux de la locomotion, du Sentiment et de l'Intelligence. Enfin, nous élevant encore d'un degré et passant au *Règne* appelé *animal*, nous voyons que si l'homme a ce point commun ou manifeste ces phénomènes semblables, avec les individus qui font partie de ce Règne, d'être, comme eux, un corps, de manifester, comme eux, les phénomènes de la nutrition, de la reproduction, de la locomotion, du Sentiment et de l'Intelligence; l'homme, toutefois, qui occupe le sommet de la série des choses et des êtres terrestres, se différencie encore et se distingue d'une manière fort nette des individus de ce *Règne animal*, dont il fait partie, par la faculté que lui seul possède d'agir sur lui-même par une véritable réflexion, de se proposer comme sujet d'étude ses propres phénomènes intellectuels, de voir le progrès et la perfection des choses, de les vouloir réaliser, et d'être en même temps l'organe et l'instrument de ce progrès et de cette perfection.

De toutes les choses et de tous les êtres qui peuplent l'étendue du globe terrestre, l'homme avec l'homme; en d'autres termes, les hommes entre eux sont donc les individus qui ont le plus de points communs, qui manifestent le plus de phénomènes semblables, qui, par conséquent, outre leurs lois particulières et personnelles, sont le plus soumis à des lois identiques, entretiennent le plus grand nombre de rapports nécessaires, sont enchaînés fatalement par les liens de la connexion la plus étroite, autrement dit sont le plus solidaires.

La Solidarité la plus intime et la plus intense que l'on puisse concevoir, existe donc, par le fait même de leur constitution phénoménale, entre tous les hommes, quels qu'ils soient, et en quelque lieu du globe terrestre qu'ils habitent.

Par conséquent, aussi longtemps que les lois générales, auxquelles tous les hommes sans exception sont fatalement soumis, sont observées, même par une fraction de l'espèce humaine; aussi longtemps l'espèce humaine tout entière marche dans la voie normale que lui a tracée la Nature, et en recueille du bien ou son bonheur : et, d'un autre côté, dès que les lois générales, auxquelles tous les hommes sans exception sont fatalement soumis, viennent à être violées ou transgressées, même par une petite fraction de l'espèce humaine, non-seulement cette fraction de l'espèce humaine, mais encore l'espèce humaine tout entière est jetée hors de la voie normale que lui a tracée la Nature, et ne récolte que du mal ou son malheur. Ainsi, pour prendre un exemple qui se rapporte au sujet qui nous occupe présentement : que deux petits États seulement viennent à transgresser les lois Politiques de l'équilibre Européen, aussitôt toute la machine de l'Europe reçoit en toutes ses parties un ébranlement profond, et, non-seulement l'Europe, plus directement intéressée, mais le monde terrestre entier reçoit, et dans son développement, et dans son commerce, et dans sa prospérité, et conséquemment dans la somme de son bonheur, le contre-coup violent de cette secousse dont la cause semble à peine digne d'attirer quelque attention.

Par conséquent encore, de cette loi universelle de la

Solidarité, il résulte non moins clairement que, en quelque lieu de leur globe terrestre qu'ils habitent, et à quelque famille, race, nation ou Religion qu'ils appartiennent, tous les hommes, sans exception, ont leur premier et principal intérêt non-seulement à observer rigoureusement eux-mêmes ; mais encore à faire observer non moins rigoureusement, par les autres, les lois générales auxquelles tous sont fatalement soumis, et dont l'obéissance est la condition première de la félicité humaine.

Par conséquent enfin, de cette loi universelle de la Solidarité, il résulte encore de la manière la plus évidente que si une minorité intellectuelle ou une minorité numérique se refusent, dans leur imbécillité, à observer ces lois générales auxquelles tous les hommes sans exception sont fatalement soumis, et dont l'obéissance est la condition première de la félicité humaine ; comme l'intérêt commun doit toujours être préféré à l'intérêt particulier, cette minorité intellectuelle ou cette minorité numérique, rebelles à l'obéissance et à l'observation des lois générales qui intéressent l'humanité tout entière, peuvent, et nous disons plus, *doivent* être contraintes *par la force* à cette obéissance et à cette observation.

IV.

Ceci posé, cette Solidarité Universelle de toutes les choses et de tous les êtres dans l'Être en général, et conséquemment de tous les hommes et de tous les Peuples sur notre globe terrestre, clairement établie, et démontrée ; passons maintenant à l'examen des lois particulières ou des points fondamentaux, générateurs de Solidarité, sur lesquels doivent reposer les bases de toute alliance internationale rationnelle, sincère, solide et durable.

Ces points fondamentaux se peuvent ramener à quatre principaux qui sont les suivants :

Qu'il y ait entre les Nations alliées ou les États confédérés :

I. — Communauté de croyance ou de religion; et conséquemment Solidarité entre eux par ce rapport.

Et en effet, quel est le lien qui attache ou qui *relie* le plus étroitement les hommes entre eux? Quel est le mobile qui les fait se grouper avec le plus de spontanéité et de force les uns autour des autres ? Quelle est l'idée, quel est le sentiment qui persistent le plus fermement parmi eux, sous toutes les oppositions et les antagonismes divers : sinon le lien d'une Croyance commune, le mobile d'une Foi identique, l'idée et le sentiment d'une Religion de même origine et de même source? Mais nous n'entendons pas ici par Croyance commune, par Foi identique, par Religion de même origine et de même source, la similitude des formes du culte. Bien que nécessaires assurément, dans une certaine mesure toutefois, en une Religion quelle qu'elle soit, les formes d'un culte néanmoins ne signifient véritablement rien en soi. D'institution purement humaine; dépendant presque constamment du bon plaisir des prêtres, ou des vues ambitieuses de domination de la caste Sacerdotale; exagérées même à dessein, par eux, pour tenir plongé dans l'abrutissement l'esprit des différents peuples, et les diviser, au lieu d'élever leur intelligence et de les faire s'entr'aimer; ces formes, je le répète, n'ont aucune valeur sanctifiante en soi : elles ne constituent pas, et elles ne peuvent constituer le fond réel et commun d'une croyance ou d'une Religion. Mais nous entendons par Croyance commune, par Foi identique, par

Religion de même origine et de même source, ces principes fondamentaux de Morale commune, puisés à une même Doctrine Philosophique, et desquels résulte la Croyance, la Foi ou la Religion des différents peuples, quelles que puissent être, d'ailleurs, la dissemblance des formes extérieures de ces Religions, la diversité des rites, la dissimilitude des langues et des coutumes.

II. — Communauté de race ou d'origine; et conséquemment Solidarité entre eux par ce rapport.

Et en effet, de même que, dans la Société civile et dans la Politique intérieure d'un État, les citoyens d'une même famille se soutiennent réciproquement, d'ordinaire, de préférence aux autres : de même aussi, dans une Société internationale ou dans une saine Politique extérieure, les peuples de même race trouvent presque constamment leur véritable intérêt à s'allier, à se défendre et à se protéger réciproquement, de préférence aux autres. Mais nous n'entendons pas ici par *communs* de race, les peuples seuls qui parlent la même langue. Nous entendons par *communs* de race ou d'origine tous les peuples qui, quelle que soit la diversité extérieure de leur langage, de leurs usages, de leurs costumes même, appartiennent fondamentalement néanmoins à la même famille, et relèvent, pour la plus grande part, d'une même source.

III. — Communauté d'intérêts, et conséquemment Solidarité entre eux par ce rapport (1).

Là, en effet, où il n'y a pas, entre deux ou plusieurs parties contractantes ou entre deux ou plusieurs États

(1) Il eût semblé rationnel de commencer tout d'abord par la Communauté d'intérêts ; mais là où cette Communauté d'intérêts n'est pas appuyée

confédérés, identité d'intérêts ; c'est-à-dire espérance commune d'obtenir des avantages au moins égaux, proportionnés à la *mise* de chacune des parties contractantes, et presque certitude de conjurer des maux semblables ; l'alliance entre les États confédérés (et nous voulons dire une alliance réelle et rationnelle) n'existe pas, ne peut pas exister, ou ne repose que sur des bases tellement fragiles, que le moindre événement la vient renverser. A moins encore, ce qui est bien pis, que cette alliance ne soit un véritable marché de niais et de dupe, qui tourne tout entière au bénéfice de l'une des parties contractantes, et au détriment de l'autre par conséquent, comme autrefois la fameuse *entente cordiale* de la France avec l'Angleterre.

IV. — Communauté d'affection, d'inclination, de sympathie ; et conséquemment solidarité entre eux par ce rapport.

Et en effet, s'il est nécessaire, pour former une alliance sincère et durable, qu'il y ait entre deux ou plusieurs parties contractantes ou deux ou plusieurs États confédérés, communauté de croyance, de race et d'intérêts : il n'est pas moins nécessaire non plus qu'il y ait aussi entre ces parties contractantes ou ces États confédérés, communauté d'affection, d'inclination, de sympathie. Car, de même que, entre deux ou plusieurs hommes unis déjà ensemble par ce triple lien de communauté de croyance, de race, et d'intérêts, s'il s'élève, parfois, au milieu d'eux, suivant la marche nécessaire des choses humaines, quelque nuage,

originairement sur la Communauté de croyance ou de Religion, l'alliance est factice, les intérêts superficiels et la Solidarité mensongère, comme on le voit clairement par l'attitude prise actuellement par la Turquie, à l'égard de la France, de qui pourtant elle a reçu le salut, et, pourrait-on dire, une seconde existence.

quelques difficultés, quelque dissentiment, ce nuage, ces difficultés, ce dissentiment sont facilement dissous quand ces hommes nourrissent réciproquement les uns pour les autres des sentiments d'affection et d'amitié réelle : de même, également, entre deux ou plusieurs Peuples ou États alliés unis déjà ensemble par ce triple lien de croyance, de race et d'intérêts, les difficultés ou contestations qui se peuvent élever par moments entre eux, au sujet de leurs intérêts réciproques, ne tiennent pas une longue durée, et sont facilement dissipées, si ces Peuples sont, de plus, attirés fortement les uns vers les autres par des sentiments mutuels d'amitié, de Confraternité et de sympathie.

V.

Ces quatre lois essentielles, ces quatre points fondamentaux de toute alliance internationale, rationnelle, solide et durable, établis, examinons maintenant quels sont, parmi les Peuples ou les États actuels de l'Europe proprement dite (1), ceux qui réunissent le plus aujourd'hui, à l'égard de la France, ces conditions absolument indispensables d'une forte et puissante confédération ; et quels sont, par conséquent, parmi les Peuples ou les États actuels de l'Europe, ceux avec qui la France a le plus intérêt aujourd'hui à former une étroite alliance.

(1) Pour ne pas étendre outre mesure les bornes de ce travail, nous ne parlerons ici que des Peuples ou des États de l'Europe proprement dite. Mais les mêmes principes qui nous guideront, dans la détermination des alliances rationnelles de la France sur le continent Européen, se peuvent également appliquer à la fixation des alliances rationnelles que la France doit former avec les autres Peuples ou États du reste du globe, avec cette légère différence, toutefois, que, pour les Peuples qui ne relèvent pas fondamentalement d'une même Doctrine philosophique et religieuse, il se faut allier de préférence à ceux dont la Morale et la pratique se rapprochent le plus de la Morale du Christ.

PREMIER POINT FONDAMENTAL. — *Communauté de croyance ou de Religion, et conséquemment Solidarité par ce côté.*

Tous les peuples de l'Europe, proprement dite, reconnaissent heureusement aujourd'hui, au moins en principe, la loi du Christ ; et ils pratiqueraient, sans nul doute, beaucoup plus largement à l'égard les uns des autres, les purs préceptes de cette Morale, si, en tous pays, dans le but évident de conserver l'influence de sa funeste domination, la caste Sacerdotale ne prenait comme à tâche de souffler constamment, parmi les hommes, le vent de la haine, et d'attiser le brandon de la discorde. Il y a là, néanmoins, il y a dans cet accord unanime de tous ces peuples de l'Europe sur les fondements primitifs du dogme qu'ils acceptent, un premier élément d'une alliance générale, une base solide d'une Confédération Européenne, qui a reçu déjà dès longtemps, au surplus, le nom significatif et très caractéristique de la *Chrétienté.*

Malheureusement, tous ces peuples de l'Europe, les plus civilisés et les plus puissants de notre globe, qui partagent pourtant fondamentalement une même croyance, le Christianisme ; qui reconnaissent le même Fondateur religieux, le Christ ; et qui acceptent, en principe, les mêmes préceptes de la Morale chrétienne ; tous ces peuples de l'Europe, dis-je, qui ne devraient former, pour ainsi dire, qu'un seul Corps dirigé par une seule Ame, par suite de l'impéritie, de l'ineptie, des intrigues ambitieuses, des abus criants, des désordres scandaleux et des crimes épouvantables de toutes sortes, — contre les bonnes mœurs, contre la Justice, contre la Religion du Christ, contre toutes les libertés, — commis sans relâche par les

Souverains Pontifes de Rome et par toute la cour Papale :
tous ces peuples Chrétiens de l'Europe, depuis des siècles,
se sont divisés en trois principales sectes religieuses, les
Chrétiens-Catholiques, les *Chrétiens-Grecs* et les *Chré-
tiens-Protestants*, aussi hostiles les uns aux autres, nous
rougissons de le dire, aussi acharnés presque les uns
contre les autres, que s'ils n'adoraient pas le même Dieu,
n'avaient pas au fond la même croyance, et ne descen-
daient pas de la même origine.

Il n'entre pas dans le cadre restreint de cet opuscule
d'examiner la valeur comparative de ces différentes sectes ;
de décider lequel de ces cultes l'emporte sur les autres ;
d'indiquer laquelle de ces créances est la plus conséquente
avec les purs et primitifs enseignements de la Morale du
Christ, ou laquelle s'en éloigne davantage. Car, que le culte
Chrétien-Protestant pèche assurément, dans sa forme, par
une exagération déplorable de sécheresse et de métho-
disme, rachetée il est vrai, en sa faveur, par l'abolition
de la pratique immorale de la Confession auriculaire ; que
le culte Chrétien-Catholique, remarquable d'ailleurs par
une certaine pompe majestueuse absolument nécessaire à
l'exercice de toute Religion, se noie cependant de plus en
plus, à mesure qu'il atteint les derniers degrés de la décrépi-
tude, dans un excès honteux de puérilités aussi coupables
que dégradantes ; que le culte Chrétien-Grec ne soit pas
exempt non plus de ces vaines formalités et de ces su-
perstitions criminelles : ce sont là des faits fort intéressants sans doute à constater, à rappeler, à développer,
quoique connus et reconnus de tout le monde ; mais qui
ne vont point directement au but que nous nous propo-
sons d'atteindre pour le moment. Car ce but actuel, c'est
uniquement, comme nous l'avons vu, de rechercher et

d'établir quels sont, parmi les différents peuples Chrétiens attachés aux trois principales sectes que nous venons de mentionner, ceux avec lesquels la France est le plus en communauté de croyance ou de Religion, et avec qui, conséquemment, sous ce premier rapport, elle doit former une étroite alliance, de préférence aux autres.

Or, la France est une nation plus particulièrement Chrétienne-Catholique. C'est donc, tout d'abord, parmi les États Chrétiens-Catholiques de l'Europe qu'il nous faut rechercher quels sont ceux qui remplissent le mieux, à l'égard de la France, les conditions de notre premier point fondamental. Voyons quels sont ces États Chrétiens-Catholiques.

États Chrétiens-Catholiques de l'Europe.

Les États de l'Europe plus particulièrement Chrétiens-Catholiques à cette heure, ce sont : l'*Autriche*, la *Belgique*, la *Bohême*, l'*Espagne*, la *Hongrie*, l'*Italie* avec le *Piémont*, la *Pologne* et le *Portugal*. Examinons-les rapidement.

L'Autriche est essentiellement, dans la forme, un État Chrétien-Catholique : c'est le bras droit de la cour de Rome, le soutien le plus assuré du trône Papal, l'humble exécutrice des moindres ordres émanés du Vatican, la plus ferme espérance de tous les Souverains-Pontifes présents et à venir. Mais si l'Autriche affiche avec une grande ostentation, au dehors, des principes tout imprégnés de Christianisme, il s'en faut de beaucoup que, dans la pratique de sa vie ordinaire, dans les actes réels de son existence, elle se conforme aux libérales prescriptions qui résultent de ces principes. L'Autriche, en effet, opprime et écrase sans pitié, depuis des siècles, par le droit barbare de la force et de la conquête, au milieu d'emprisonnements arbitraires,

de confiscations, d'exils, de brutalités sans nom, de flots
de sang sans cesse répandus, de flagellations *publiques*
et de pendaisons de femmes, et malgré des soulèvements
constants et très significatifs ; l'Autriche, disons-nous,
opprime et écrase sans pitié, depuis des siècles, des Nationalités vivaces et généreuses, qui ont leur place marquée par Dieu, la Nature et leur génie dans le concert
Européen ; qui ont le droit de vivre dans leur autonomie
propre, d'après leur configuration naturelle, l'identité de
leur langage, leurs antécédents de Souveraineté libre ; et
dont le devoir sacré est de revendiquer sans cesse et sans
cesse, par tous les moyens, jusqu'à la dernière goutte de
leur sang, cette place au soleil, cette autonomie, et cette
souveraineté. L'Autriche, de plus, est renommée, non
sans raison, parmi le monde entier, pour la perfidie traditionnelle de sa politique dissolvante, pour la déloyauté in-
signe de ses tortueuses menées, pour l'égoïsme constant
de ses vues et de sa manière d'agir, pour l'atrocité inouïe
des moyens de gouvernement qu'elle emploie : tantôt insti-
guant la populace au massacre des Nobles, comme en Gallicie, pour les ramener par la peur sous le joug de son au-
torité abhorrée ; et tantôt lançant les Nobles à la chasse
du peuple, là où elle le peut, pour conserver ainsi, quelques
heures de plus, les lambeaux putréfiés de sa misérable
existence, au milieu de ces perpétuels déchirements.

Or, le Christ a crié *raca* et anathème sur les forts et sur
les puissants, qui abusent de leur force et de leur puissance
pour opprimer et pour écraser les faibles et les vaincus,
au lieu de les aider généreusement et de les relever d'une
main secourable. Et le Christ a crié encore *raca* et anathème sur les gens à double visage et sur les égoïstes, qui
ne suivent pas le droit chemin de la Justice et de la Vérité,

et qui sacrifient sans relâche le droit, la chair, le sang et la vie des Peuples à la seule satisfaction de leurs misérables intérêts. L'Autriche, quoique Chrétienne-Catholique dans la forme, ne l'est donc nullement en réalité. On ne sait quelle est sa croyance. Ou plutôt sa Foi, c'est celle de l'appétit et du ventre. Donc, au nom du Christ qu'elle outrage et qu'elle renie chaque jour par tous ses actes ; au nom des lois imprescriptibles de la Justice qu'elle viole chaque jour par tous ses gestes ; au nom de la non-communauté de Religion et de croyance qui les divise et les sépare comme par un infranchissable abîme, l'Autriche doit être exclue, mais radicalement exclue, de toute alliance avec la France, sous ce premier rapport.

La Belgique, la Bohême, l'Espagne, la Hongrie, l'Italie avec le Piémont, la Pologne, et le Portugal, sont Chrétiennes-Catholiques de même que la France, et, comme la France, pratiquent autant qu'il leur est possible aujourd'hui, dans les conditions de gouvernement où elles se trouvent, les préceptes de la Morale du Christ. Il y a donc, entre la France et ces nations, communauté véritable de croyance ou de Religion ; et, conséquemment, c'est tout ensemble le devoir et l'intérêt de la France de former une étroite alliance avec elles, sous ce premier rapport.

États Chrétiens-Grecs.

Les États de l'Europe plus particulièrement Chrétiens-Grecs, à cette heure, ce sont : la *Grèce*, les *Principautés Danubiennes* (que nous désignerons désormais par le nom de *Roumanie*), et la *Russie*.

La religion de la Grèce et de la Roumanie diffère, il est vrai, par le rite, de la religion de la France. Mais nous avons vu que ces formes extérieures d'un culte n'ayant aucune valeur ni vertu sanctifiante en soi, ce qu'il fallait surtout considérer, en cette circonstance, c'était la communauté fondamentale de principes, et l'identité de Morale. Or, la Grèce et la Roumanie adoptent et pratiquent, autant qu'il leur est possible, aujourd'hui, la Morale du Christ, comme l'adopte et la pratique la France elle-même. Il y a donc, entre la France et ces nationalités, communauté véritable de croyance ou de Religion, et conséquemment, c'est tout ensemble le devoir et l'intérêt de la France de former une étroite alliance avec elles, sous ce premier rapport.

La Russie reconnaît également, en principe, la Morale du Christ. Mais, dans sa pratique sociale, — quel que soit le juste tribut d'hommages que nous nous plaisions à rendre ici publiquement à l'Empereur Alexandre II, pour la noble et généreuse entreprise dont il a pris l'initiative, et qu'il poursuit avec une fermeté si digne d'éloges, d'affranchir les serfs de son empire ; — dans sa pratique sociale, disons-nous, la Russie est bien loin aussi de se conformer aux salutaires préceptes de la religion, à laquelle elle est attachée. Moins cauteleuse, moins souterraine, il est vrai, plus large et plus franche que la Politique de l'Autriche, la Politique traditionnelle Moscovite, toutefois, est toujours au fond une Politique de force, de conquête brutale et d'oppression barbare. Et nous n'entendons pas ici par Politique de force, de conquête et d'oppression de la part de la Russie, ses rayonnements légitimes vers les peuples Mogols et Tartares de l'Asie qu'elle a pour tâche de civiliser, et des invasions menaçantes de qui elle doit garantir et préserver l'Europe ; mais nous entendons par Politique de force, de conquête brutale et d'oppression barbare, de la part de la Russie, ses envahissements accomplis ou prémédités sur des peuples que sa mission, nettement tracée, n'est ni

d'englober ni d'absorber. Ainsi, le sang de la Pologne déchirée crie toujours contre la Russie, et nous ne pensons
pas qu'elle manifeste la moindre velléité de la vouloir
délivrer et reconstituer. Ainsi la Russie a voulu, un jour,
absorber et confisquer à son profit l'empire Ottoman et la
Grèce, et nous ne pensons pas qu'elle ait cessé de poursuivre, dans l'ombre et sans bruit, ses projets d'absorption
et de confiscation. Ainsi encore, lors de la lutte de l'héroïque Hongrie pour reconquérir son autonomie, non-
seulement la Russie n'est pas demeurée neutre, comme il
était tout au moins de son devoir de le faire, mais c'est
elle qui a donné ses troupes, versé son sang, dépensé son
argent, pour aider l'Autriche, prête à périr, à égorger ce
noble peuple. Bien qu'adoptant en principe la Morale du
Christ, la Russie est donc loin de suivre cette Morale dans
la pratique de sa vie sociale. Conséquemment, entre elle et
la France il n'y a pas communauté véritable de croyance ou
de Religion ; et conséquemment, au nom du Christ, tant que
ces faits dureront, tant que la Russie ne sera pas entrée
sincèrement dans les voies d'une Politique plus équitable,
(et même plus conforme à ses véritables intérêts) la France,
malgré ses sympathies et sa vénération particulière pour
l'Empereur Alexandre II, ne peut, sous ce premier rapport, lequel entraîne pour ainsi dire tous les autres, former avec elle une alliance internationale sincère et durable.

États Chrétiens-Protestants.

Les États de l'Europe plus particulièrement Chrétiens-
Protestants à cette heure, ce sont : l'*Allemagne*, l'*Angleterre*, le *Danemark*, la *Hollande*, la *Prusse*, la *Suède* et
la *Norwége*, et la *Suisse*.

De même que le culte Grec, le culte protestant de l'Allemagne diffère, par la forme, du culte général de la France. Mais, nous le répétons encore, cette différence est de nulle considération. Car ce n'est point par la dissemblance extérieure du culte que l'on doit juger fondamentalement de la valeur d'une Religion quelle qu'elle soit, et de la *fidélité* de ses membres; mais par la Morale de cette Religion, et par les bonnes œuvres de ses membres. Le culte à lui seul, en effet, sans une Morale pure, élevée, dégagée de toute honteuse superstition et de toutes pratiques vaines, est un culte *mort;* et les membres d'une Religion quelle qu'elle soit, sans les bonnes œuvres, c'est-à-dire sans l'exercice de la Justice et de la Charité, sont des *infidèles.* Or, si, aujourd'hui, l'Allemagne entière (et nous entendons par là les peuples seuls de l'Allemagne), par des circonstances politiques indépendantes de sa volonté, ne pratique pas, autant qu'elle le voudrait, dans sa marche gouvernementale, les préceptes de la Morale de Christ : nul doute qu'elle ne le fasse aussi volontiers et d'une manière aussi désintéressée que la France, dès qu'elle aura reconstitué son Unité, et recouvré elle aussi son indépendance. On peut donc dire, par avance, qu'il y a, entre la France et le peuple ou l'empire d'Allemagne, communauté véritable de croyance ou de Religion, et conséquemment c'est tout ensemble le devoir et l'intérêt de la France, de cimenter de plus en plus son alliance avec l'Allemagne, sous ce premier rapport.

L'Angleterre est généralement protestante. Quand le peuple Anglais aura enfin, pour jamais, secoué de sa tête le joug de son ilotisme, quand il aura définitivement renversé les iniques et monstrueux priviléges de l'Aristocratie des lords, quand il aura, comme il est juste, la plus grande part dans le gouvernement de son pays, nul doute (il en a déjà donné suffisamment des preuves sympathiques), nul doute, disons-nous, que le peuple Anglais ne suive fermement et droitement, dans toute sa politique, les véritables préceptes de la Morale du Christ, et qu'il n'y ait alors, entre la France et l'Angleterre, communauté réelle de croyance ou de Religion, et, conséquemment, entente réellement sincère et cordiale au milieu d'elles, sous ce premier rapport. Mais, aujourd'hui, bien qu'admettant, en principe, les mêmes dogmes moraux que la France, le gouvernement Aristocratique Anglais, comme tout le monde sait, est extrêmement loin d'appliquer ces doctrines dans la pratique de sa politique. Qui ne connaît, en effet, l'égoïsme profond et la criminelle jalousie du gouvernement Aristocratique Anglais, à l'intérieur; son refus constant de réformer de criantes iniquités ; son mauvais vouloir à élever en intelligence et en moralité ce vieux peuple Celte, Irlandais et Saxon, qu'il laisse croupir, à dessein, dans la fange de la plus abominable corruption, et se flétrir, dès le jeune âge, dans l'abrutissement de la plus hideuse misère ; et, enfin, son opposition éternelle à admettre, comme il est équitable, tous les citoyens honorables et capables de l'empire à la participation du gouvernement? Qui ne connaît encore l'égoïsme repoussant et la jalousie honteuse du gouvernement Aristocratique Anglais, à l'extérieur; ses combats acharnés contre tous projets d'utilité générale, qui semblent menacer, même légèrement, ses intérêts particuliers ; ses revirements soudains dans ses alliances et ses sympathies continentales, tantôt pour la Tyrannie, tantôt pour la Liberté, tantôt pour les oppresseurs, tantôt pour les opprimés, suivant qu'il y croit voir le maintien ou l'abaissement de sa suprématie politique ; ses exactions épouvantables et ses barbaries de

cannibales dans la dernière guerre des Indes ; son obsti-
nation à continuer de *protéger*, contre leur vœu unanime,
les Grecs des îles Ioniennes ; et, enfin, cette audace impu-
dente et ce mépris si incroyablement cynique pour le
Droit et pour la Justice, qui le font s'emparer, en pleine
paix, contre la foi de tous les Traités, de tous les points
du globe qui lui paraissent être avantageux au maintien spécial de sa domination, et à la protection exclu-
sive de son influence ? Qui ne connaît tout cela, dis-je ?
Qui ne sait qu'aujourd'hui même, dans les éventualités
de la guerre la plus sainte et la plus juste qu'il y ait jamais eu au monde, dans les éventualités de la guerre
de la France contre l'Autriche pour la libération de l'Italie,
le gouvernement Aristocratique Anglais est tout prêt à
soutenir l'oppresseur contre l'opprimé, tout prêt à assister
le bourreau contre la victime, dans la crainte que, l'Autriche diminuée ou supprimée, la France ne soit moralement trop puissante, et dans la crainte encore que, l'Italie
délivrée et reconstituée, la prépondérance sur les mers
de la marine Anglaise ne soit contre-balancée, un jour, par
le développement certain des forces navales de l'Italie ?
Le gouvernement Aristocratique Anglais n'est donc nullement en communauté de croyance ou de Religion avec
la France, et conséquemment, au nom du Christ, sous ce
premier rapport, tant que les choses se passeront de la
sorte, si la France n'a pas lieu de chercher ni même de
désirer la guerre avec le gouvernement Aristocratique
Anglais, elle n'a pas lieu non plus, et il ne lui est même
pas possible, sans se déshonorer ou sans être prise pour
dupe, de former avec ce gouvernement des lords de la
Grande-Bretagne, une alliance sincère et cordiale.

Rien ne s'oppose à ce que la France, sous le premier

point fondamental que nous considérons en ce moment, c'est à savoir la communauté de croyance ou de Religion, ne forme avec le Danemark et avec la Hollande une alliance étroite et durable.

Rien ne s'opposerait non plus à ce que, sous ce même rapport, la France s'unît étroitement à la Suède et à la Norwége, ainsi qu'à la Suisse ; si, pour ces premiers peuples, ils consentaient à abolir, ou, tout au moins, à adoucir leurs lois intolérantes à l'égard de la Religion : et si, pour le second peuple, peuple libre, et conséquemment plus coupable, il cessait de se déshonorer à la face de l'Europe, en fournissant aux princes étrangers, de ses propres citoyens, les satellites féroces à l'aide desquels ces Tyranneaux oppriment, épuisent et massacrent leurs sujets.

La Prusse est généralement protestante. Nul doute non plus que, composée comme elle le doit être un jour, réunie à l'Allemagne, et se gouvernant démocratiquement, la Prusse ne pratique largement aussi, dans toute sa Politique intérieure et extérieure, les préceptes de la Morale du Christ. Mais aujourd'hui, de même que pour l'Autriche et pour la Russie, ses complices, le sang de la Pologne déchirée crie toujours contre la Prusse. De même que l'Autriche et la Russie, ses complices, la Prusse jouit toujours du fruit de son meurtre. De même enfin que l'Autriche et la Russie, ses complices, la Prusse ne manifeste non plus aucune velléité de reconstituer, en ce qui la concerne, cette Nationalité valeureuse, qu'elle a contribué à égorger et à dépecer pour avoir sa part à la proie. De plus, dans les éventualités de guerre qui se préparent, le gouvernement actuel de Prusse ne semble vouloir prendre aucune attitude décidée, ni pour la Justice ni contre l'Injustice, ni pour le bon Droit ni contre les violateurs du Droit, ni pour les Peuples opprimés, ni contre les Tyrans oppresseurs. Le gouvernement de Prusse attend. C'est-à-dire qu'il louvoie, qu'il ruse, qu'il ménage ses forces, soit pour se ranger tout à coup, à un moment donné, et s'il appréhende quelque dommage, du côté du parti le plus fort ; soit, plutôt, pour tâcher de tirer profit, à son seul avantage, de l'affaiblissement réciproque des parties belligérantes. Le gouvernement actuel de Prusse ne pratique donc nullement, dans sa Politique, la Morale du Christ, qui crie et qui ordonne au fort et au puissant de protéger ouvertement le faible et l'opprimé, au lieu de le dépouiller, et qui lui défend d'user de mauvaises ruses et d'astuce. Il n'y a donc pas aujourd'hui, entre la France et le gouvernement actuel de Prusse, communauté véritable de croyance ou de Religion, et conséquemment, au nom du Christ, tant que les choses dureront de la sorte il ne peut y avoir, entre la France et le gouvernement de la Prusse, alliance sincère et durable.

En résumé, les nations de l'Europe proprement dite avec qui, — sous le premier point fondamental que nous venons d'examiner, c'est à savoir la Communauté de croyance ou de Religion, et la Solidarité qui en résulte, — la France peut et doit aujourd'hui former une alliance étroite et sincère, ce sont : la *Belgique*, la *Bohême*, le *Danemark*, l'*Espagne*, la *Grèce*, la *Hongrie*, la *Hollande*, l'*Italie* avec le *Piémont*, la *Pologne*, le *Portugal* et la *Roumanie* (Principautés Danubiennes).

Deuxième point fondamental. — *Communauté de race ou d'origine, et conséquemment Solidarité par ce côté.*

Tous les Peuples de l'Europe proprement dite, à de fort légères exceptions près, appartiennent à la race Caucasique. Et de même que tous ces Peuples, sous le point de vue Religieux, ne forment fondamentalement qu'un seul Peuple, appelé la *Chrétienté* : de même également, sous le point de vue de la race et de l'origine, ils ne forment fondamentalement qu'une seule Race, appelée la race blanche ou Caucasique. Mais la différence des climats, des lois, des gouvernements, des langues, des usages, ont fait, de ce seul Peuple, une multitude de nations, presque inconnues les unes aux autres, tant par la difficulté des relations que par le haut prix des voyages, et profondément hostiles les unes aux autres, de prime abord, comme deux choses éloignées qui ne se connaissent que par ouï-dire, ou, qui pis est, qui se connaissent mal. Ajoutez à cela que, au lieu de tendre de plus en plus à détruire cette inconnaissance des nations entre elles, au lieu de s'efforcer à faire tomber peu à peu l'hostilité réciproque dont elles sont animées, au lieu de chercher à réaliser progressivement leur Unité morale, les prétendus Politiques qui s'imaginent gouverner ces diverses nations ne s'étudient, par leur déplorable administration, par leurs perfides menées, et par leurs récits mensongers, qu'à empêcher et à retarder cette connaissance et ces bons rapports réciproques des Peuples entre eux, qu'à entretenir autant que possible leurs divisions, qu'à nourrir leurs animosités, et à fomenter leurs haines. Acceptant, toutefois, forcément aujourd'hui, cette division temporaire de la grande famille Chrétienne-Caucasienne, nous partagerons les différents peuples qui composent cette grande famille, en des divisions secondaires générales, indiquées par l'histoire elle-même.

Ces divisions secondaires générales sont les suivantes :

Au midi de l'Europe, la race *Celto-Gréco-Latine*.

A l'Est et au centre, la race *Slave* mélangée de *Celte* et de *Latin*.

Au Nord, la race *Germaine* ou *Scandinave*.

Voyons maintenant à laquelle de ces divisions ou de ces familles appartient plus particulièrement la France; quelles sont les nations de l'Europe qui sont, avec elle, le plus en Communauté de race et d'origine, conséquemment aussi le plus en Solidarité par ce côté; et, par conséquent, avec quels peuples, sous ce second rapport, la France doit former alliance, de préférence aux autres.

Si nous laissons de côté, tout en le mentionnant, la faible part d'élément Germain, qui, par les Francks et par les Northmans, est venue s'implanter dans le Nord et au Nord-Ouest de la France, nous verrons que l'élément principal dont est composée encore aujourd'hui la population autochtone de la France, c'est le Celte ou Gaulois, mélangé de l'élément Grec pour le midi de la France, et de l'élément Latin partout. En un mot, la France appartient à la famille désignée plus spécialement sous le nom de famille Gréco-Latine.

Première division. — Famille Gréco-Latine.

Quels sont, parmi les Peuples de l'Europe, ceux qui appartiennent également à cette famille Gréco-Latine, et qui, par conséquent, sont le plus en Communauté de race ou d'origine avec la France (1)? Ce sont la Belgique, l'Espa-

---

(1) L'Autriche est un État si irrationnel, si anormal, si difforme, établi dans des conditions tellement contraires à toutes les vraies lois de la vie, de l'ordre, d'un organisme sain et viable, avec son assemblage hétérogène et violenté de peuples entièrement différents qui *hurlent* d'être ainsi rapprochés; que, pour pouvoir poursuivre régulièrement le cours de cette étude, nous sommes obligés de faire abstraction du nom même de l'Autriche, de la démembrer fictivement, et de rendre de même fictivement à elles-mêmes la Bohême, la Gallicie, la Hongrie, la Lombardie avec la Vénitie; lesquelles composent ce que l'on appelle aujourd'hui l'empire Autrichien.

gne, la Grèce avec l'Albanie, l'Italie, le Portugal, et la Roumanie. (Principautés Danubiennes.)

En effet, la *Belgique* n'est qu'une partie de l'ancienne Gaule, conquise par les Romains. L'*Espagne*, malgré les invasions des Goths et la longue domination des Maures (appartenant à la race Caucasique au surplus), est au fond Celte et Ibère, mélangée d'une partie d'élément Grec au Sud, et de l'élément Latin partout. La *Grèce* est fort probablement Celte au fond, mélangée de Latin. L'*Italie* est Celte, Grecque et Latine. Le *Portugal*, Celte, Ibère et Latin. La *Roumanie*, Grecque Latine et Slave.

Ainsi, par un premier accord, véritablement merveilleux, c'est la généralité des Peuples avec qui la France est le plus en Communauté de croyance ou de Religion, et conséquemment le plus en Solidarité par ce côté ; qui sont également le plus en Communauté de race ou d'origine avec elle, et conséquemment aussi le plus en Solidarité avec elle, par ce nouveau côté.

Seconde division. — Famille Slave.

Les nations de l'Europe que l'on range communément dans cette famille, sont : la Bohême, la Hongrie, la Pologne et la Russie.

Les Tchèkhes, rameau de la race Slave, forment le fond principal aujourd'hui de la nation Bohême ; mais n'oublions pas que ce fut une colonie de Gaulois, les Boii, qui donna son nom à ce pays. — Les Slovaques et les Russniaques, rameau slave et finnois, forment aussi aujourd'hui l'élément le plus considérable de la nation Hongroise ; mais n'oublions pas, non plus, que les Gaulois, sous le nom de Scordisques, ont habité pendant plusieurs siècles la vallée du Danube. — La Pologne est

Slave fondamentalement; mais largement imprégnée de l'influence morale et de la civilisation Gréco-Latine. — La Russie d'Europe est Slave aussi fondamentalement, mais encore barbare pour la plus grande part. Et, bien que son Aristocratie soit renommée par toute l'Europe pour l'urbanité de ses mœurs et pour l'élégance de ses manières, on peut dire, toutefois, qu'elle n'a pris de la civilisation réelle et de son esprit de mansuétude, que la superficie; comme on le voit clairement par l'attitude hostile qu'elle s'obstine à garder contre les généreuses tentatives de son Chef, l'empereur Alexandre II, pour l'émancipation des serfs de l'empire.

Dans la famille Slave, la Bohême et la Hongrie, par leur ancienne formation, et la Pologne par son éducation latine, peuvent donc passer pour être en Communauté de race et d'origine avec la France, et conséquemment en Solidarité, avec elle, par ce second point.

Troisième division. — Famille Scandinave ou Germanique.

Les nations de l'Europe que l'on range communément dans cette famille sont : l'Allemagne, l'Angleterre, le Danemark, la Hollande, la Suède et la Norwége.

L'Allemagne est toute germanique; mais n'oublions pas qu'une tribu de Germains, les Franks, a occupé tout le Nord de la Gaule où elle finit par se fondre avec les habitants. L'Angleterre est en partie Germanique, par les Angles et les Saxons qui s'y établirent vers le ve siècle; mais n'oublions pas que l'Écosse, l'Irlande, le pays de Galles sont peuplés d'anciens Celtes ou Gaulois; et que des aventuriers d'une province de France, la Normandie, conquirent au xie siècle, sous la conduite de Guillaume le Bâtard, l'Angleterre, qu'ils continuent d'occuper en pays conquis.

Le Danemark est Scandinave ou Germanique. La Hollande est Germanique. La Suède et la Norwége est Scandinave ou Germanique; mais c'est de ses bords que sont partis les Northmans, qui s'établirent sur les côtes de France, dans la province qui prit d'eux son nom.

Dans la famille Scandinave ou Germaine, les Peuples qui peuvent passer pour être, jusqu'à un certain point, en Communauté de race ou d'origine, et subséquemment en Solidarité avec la France, sont donc les peuples de l'Allemagne, de l'Angleterre, de la Suède et de la Norwége.

En résumé, les nations de l'Europe proprement dite, avec qui, — sous le second point fondamental que nous venons d'examiner, c'est à savoir la Communauté de race ou d'origine, et la Solidarité qui s'ensuit, — la France peut et doit aujourd'hui former une alliance étroite et sincère, sont : la *Belgique*, l'*Espagne*, la *Grèce*, l'*Italie* avec le *Piémont*, le *Portugal*, la *Roumanie*, la *Bohême*, la *Hongrie*, la *Pologne*. Et, à l'égard des autres peuples, nous trouvons qu'il existe, dans leur sein, des éléments de même nature, pour commencer et pour former plus tard, avec eux, une alliance semblable.

TROISIÈME POINT FONDAMENTAL. — *Communauté d'intérêts, et conséquemment Solidarité par ce côté.*

Assise sur les trois principales mers du globe, la mer du Nord par où elle atteint toutes les nations du Septentrion; l'océan Atlantique par où elle touche toutes les côtes Orientales des Amériques; la Méditerranée par où elle joint l'Afrique, l'Asie, l'Inde, la Chine, l'Australie, les Archipels, ses propres colonies et les côtes Occidentales des Amériques : confinant par les Pyrénées à la péninsule Ibérique, touchant par les Alpes et par le Rhin à l'Italie et à l'Eu-

rope tout entière ; la France peut rayonner à la fois en tous sens, envoyer là ses flottes intrépides, faire sentir ici le poids redoutable de son épée, ou tenir droit, entre tous les Peuples, d'une main équitable et désintéressée, le sacré plateau de la Justice. La France est donc placée par la Nature elle-même, et en raison de son admirable position topographique, et en raison du caractère droit, généreux et désintéressé de la masse de la nation, pour être l'arbitre et le Juge suprême, non-seulement du continent Européen, mais encore du reste du monde.

Or, en présence de cette position si évidente créée par la Nature, en présence de cette tendance généreuse et chevaleresque du Corps de la nation, quel rôle doit jouer la France, jetée au milieu des événements qui se préparent ? Quelle marche légitime et rationnelle doit-elle adopter dans la conduite de sa Politique extérieure ? Quels sont, tout à la fois, et son devoir véritable, et son intérêt très positif ? Quoique les frontières naturelles de la France soient, au Sud-Est le versant septentrional des Alpes, au Nord-Est le Rhin jusqu'au bras de Vahal, et la Meuse jusqu'à son embouchure (frontières qui lui seront données un jour, sans nul doute, par la reconnaissance des peuples), croit-on que le rôle de la France, désormais, que la marche légitime et rationnelle qu'elle doive suivre actuellement dans sa Politique extérieure, que son devoir bien tracé et son intérêt très réel, soient de recommencer des guerres d'ambition personnelle, de réentreprendre des luttes d'agrandissement de territoire, de s'élancer à la conquête matérielle des différents peuples de l'Europe ? Pense-t-on, disons-nous, que la France ait la moindre velléité de remettre en pratique des projets d'un autre âge, le moindre désir de réaliser les fols desseins d'absorption universelle, par le droit de l'épée, du premier empire? S'imagine-t-on que la France soit d'humeur, à présent, à prodiguer de nouveau ses trésors, à verser encore son sang, pour satisfaire à des plans de domination individuelle, ou pour créer des trônes à telle ou telle dynastie, et former des principautés à telle ou telle famille? Non! non! le rôle de la France à cette heure; la marche légitime qu'elle doit suivre; son devoir et son intérêt nettement déterminés; rôle, marche, devoir et intérêt, au surplus, que cette noble Nation connaît parfaitement aujourd'hui, et qu'elle *veut* inflexiblement remplir et observer : — le rôle, la marche, le devoir et l'intérêt de la France, répétons-nous, ce n'est pas de faire la guerre directement pour elle-même, c'est d'être MÉDIATRICE, PROTECTRICE et LIBÉRATRICE : *Médiatrice* entre les peuples qui sont en désaccord; *Protectrice* des peuples faibles qui ont le droit de vivre, ou que tentent d'englober des Puissances ravisseuses; *Libératrice* enfin des Nationalités opprimées, et qui, par le droit imprescriptible de la Nature, se doivent développer carrément au soleil, dans toute la plénitude de leur indépendance, et dans toute l'énergie de leur autonomie.

Or, en même temps que c'est bien là le rôle clairement attribué à la France dans la marche de sa Politique extérieure, de par le droit suprême de la Nature, en même temps que c'est bien là son devoir permanent et sa mission sacrée; que ce soit bien là aussi, en même temps, son véritable intérêt, c'est ce qu'il est facile de démontrer.

Et, en effet, quel est l'intérêt direct de la France, dans la conduite de sa Politique extérieure? C'est, d'une part, de s'opposer aux envahissements progressifs et irrationnels de la Russie vers l'Europe proprement dite, au détriment de l'équilibre Européen, et au préjudice de la civilisation véritable ; de forcer, par là, cette redoutable Puissance à rejeter son influence, alors légitime, vers l'extrême Orient, à répandre la Morale du Christ et la civilisation qu'elle puise dans l'Occident, vers les peuples de l'Asie ; de la contraindre ainsi à concentrer toutes ses forces et toute son énergie sur les frontières Orientales et Méridionales de son vaste empire ; de lui faire présenter, de la sorte, une barrière insurmontable aux invasions futures et fatales de ces effroyables multitudes de populations Mongoles et Tartares ; et de la constituer conséquemment, comme elle le doit être, d'après l'ordre de la Nature, le rempart assuré et la plus ferme sauvegarde de la liberté, de l'existence et de la civilisation de l'Occident. — Et, d'un autre côté, quel est encore l'intérêt direct de la France, dans la conduite de sa Politique extérieure ? C'est de s'opposer aux envahissements progressifs et illégitimes de l'Angleterre sur l'empire des mers, au détriment de l'équilibre Européen, et au préjudice de la prospérité et de la civilisation des autres Peuples ; de forcer, par là, cette insatiable Puissance à rejeter son influence, alors légitime, sur les améliorations urgentes à introduire dans son propre sein, et de la contraindre, en même temps, à coopérer à l'œuvre commune de civilisation véritable, créatrice et non destructive, généreuse et non cruellement rapace, désintéressée et non stupidement exploitatrice, que la France et l'Europe entière doivent accomplir, d'un accord unanime, pour l'intérêt de tous les hommes, par toutes les contrées de la Terre.

Or, pour atteindre au premier résultat, c'est à savoir l'acte de contenir la Russie dans ses limites naturelles, et de la contraindre à jouer le rôle de civilisatrice de l'extrême Orient, quel moyen faut-il employer ? Il n'en est pas d'autres que de *protéger*, en Europe, les États intermédiaires déjà existants, et de *créer*, ou plutôt de *restaurer*, entre la Russie et le reste de l'Europe, les différentes Nationalités destinées par la Nature à faire contre-poids à cette formidable Puissance, à la maintenir dans ses lignes normales, et à l'obliger de se développer dans sa sphère légitime d'action. Mais quelles sont ces Nations placées par la Nature pour faire contre-poids au colosse Moscovite, soit qu'elles existent encore, soient qu'elles aient été déjà en partie englouties? Tout le monde les a nommées. C'est, à *protéger*, la Suède et la Norwége, le Danemark, la Hollande, la Belgique; c'est, à *reconstituer*, la Pologne, la Hongrie, la Bohême, la Roumanie (Principautés Danubiennes), l'empire Grec, et finalement l'Allemagne et l'Italie.

Et, pour arriver à notre second but, c'est à savoir l'acte de restreindre l'envahissement illégitime de l'Angleterre sur l'empire des mers, et de la forcer à améliorer la condition de son Peuple et à marcher d'un commun accord à la civilisation rationnelle du globe, quels moyens employer? Il n'en est pas d'autres non plus que de *protéger* les petites nations maritimes déjà existantes, et de *créer*, ou plutôt de *restaurer* les Nationalités formées par la Nature, pour développer une grande puissance navale. Mais quelles sont ces nations? Tout le monde les a encore nommées. Outre l'Espagne et le Portugal, ce sont : à *protéger*, la Suède et la Norwége, le Danemark, la Hollande; ce sont, à *reconstituer*, l'Italie, toutes les côtes de l'Adriatique, l'empire Grec, la Pologne et l'Allemagne sur la mer du Nord.

Ainsi, par un nouvel accord non moins merveilleux que le précédent, c'est la généralité des Peuples avec qui la France est le plus en Communauté de croyance ou de Religion, le plus en Communauté de race ou d'origine, et le plus en Solidarité par ces deux rapports, conséquemment : c'est la généralité de ces mêmes Peuples, disons-nous, avec qui la France est aussi le plus en Communauté et en Solidarité d'intérêts. Car, s'il est de l'intérêt très positif, très réel et pressant de la France; — si elle veut jouer le magnifique rôle qui lui est dévolu par la Nature, conserver sa prééminence morale, garantir l'Europe des envahissements de la Russie et plus tard des invasions Mongoles, balancer efficacement la suprématie anormale de l'Angleterre sur l'empire des mers, et ne pas descendre elle-même au second ou au troisième rang parmi les nations ; — s'il est de l'intérêt suprême et rationnel de la France, disons-nous, de protéger et de reconstituer toutes les Nationalités que nous avons énumérées tout à l'heure ; il n'est pas moins de l'intérêt très positif et très pressant de toutes ces Nationalités, de se pouvoir développer plantureusement et régulièrement par elles-mêmes, et suivant leur génie propre, sans appréhension des attaques d'un ennemi plus puissant; ou de renaître de nouveau à la vie dans des conditions certaines d'une existence aussi forte que durable. Donc, entre toutes ces Nations et la France, il y a une Communauté et une Solidarité on ne peut plus étroite d'intérêts réciproques, et c'est l'intérêt de tous ces Peuples à la fois, comme il est de l'intérêt de la France elle-même, de s'unir ensemble par les nœuds d'une alliance indestructible et irrésistible.

En résumé, les Nations de l'Europe proprement dite avec qui, — sous le troisième point fondamental que nous venons d'examiner, c'est à savoir la Communauté d'intérêts et la Solidarité qui s'ensuit, — la France peut et doit, aujourd'hui, former une alliance étroite et durable, ce sont : l'*Allemagne* constituée, la *Belgique*, la *Bohême*, le *Danemark*, l'*Espagne*, la *Grèce*, la *Hollande*, la *Hongrie*, l'*Italie* avec le *Piémont*, la *Pologne*, le *Portugal*, la *Roumanie*, la *Suède* et la *Norwége*.

QUATRIÈME POINT FONDAMENTAL. — *Communauté d'affection ou de sympathies, et conséquemment Solidarité par ce côté.*

Quel est le peuple le plus sociable du monde? Quelle est la nation la plus universellement aimée, malgré les défauts de ses habitants, — défauts qui tiennent plus, il le faut dire, à l'ineptie de ses Gouvernements, qu'au caractère propre de la nation; — sinon le peuple et la nation de France? Et quels sont les autres Peuples et les autres nations, en général, qui nourrissent à l'égard de la France la plus ardente amitié? Par un dernier accord aussi merveilleux que ceux que nous avons déjà notés, ce sont précisément, en général, les Peuples de l'Europe qui sont le plus liés avec la France par cette triple Communauté de croyance ou de Religion, de race ou d'origine, et d'intérêts, et par la puissante Solidarité qui en résulte, qui lui sont unis encore par la plus forte Communauté d'affection ou de sympathies et par la Solidarité qui s'ensuit. Ainsi l'Italie, la Pologne, la Grèce, la Hongrie, la Roumanie, la Belgique, l'Espagne, le Portugal, sont pour la France de véritables sœurs; l'Allemagne, la Hollande, le Danemark, la Suède et la Norwége ont toutes ses sympathies. Toutes ces nations rendent chaleureusement à la France l'affection qu'elles en reçoivent. C'est vers la France qu'elles tournent soudain les yeux, dans leurs jours de détresse. C'est d'elle qu'elles attendent le secours, ou qu'elles espèrent la délivrance. Et quand la

France néglige de remplir son rôle de *Médiatrice*; quand elle oublie d'accomplir sa mission de *Protectrice*; quand enfin elle manque à son devoir de *Libératrice*; qu'elle délaisse les sœurs qui l'invoquent, et les abandonne à l'oppression; alors, ce n'est pas la France elle-même, et avec juste raison, ce n'est pas cette noble Terre de chevalerie, ce n'est pas ce généreux et valeureux Peuple, que toutes ces nations accusent et maudissent d'une voix unanime; mais la lâcheté et l'infamie des Gouvernements que subit la France et son Peuple.

Ainsi donc, en résumé général, les Peuples de l'Europe, proprement dite, qui sont le plus en Communauté et en Solidarité avec la France, sous les quatre points fondamentaux de toute alliance internationale, rationnelle, solide et durable, que nous avons établis; et les Peuples de l'Europe, par conséquent, avec qui la France doit, dans son intérêt très réel, non moins que dans l'intérêt de ces Peuples, former aujourd'hui une étroite Confédération, ce sont : l'*Allemagne unie*, la *Belgique*, la *Bohême*, le *Danemark*, l'*Espagne*, la *Grèce*, la *Hollande*, la *Hongrie*, l'*Italie* avec le *Piémont*, la *Pologne*, le *Portugal*, la *Roumanie*, la *Suède* et la *Norwége*.

VI.

Mais, nous objectera peut-être quelqu'un, tout ceci est fort équitable, Monsieur, assurément, assez logiquement déduit même, et véritablement conforme, je le reconnais, aux purs préceptes de la morale du Christ, aux intérêts futurs de la France, et à l'idéal de la bonne et saine Politique que la France doit adopter et suivre à l'extérieur; mais toutes ces belles théories, par malheur, manquent, pour l'instant, d'un seul petit point essentiel. — Et lequel, répondons-nous à notre interlocuteur? — De réalité. — Comment, de réalité? — Oui! Monsieur, ne vous en déplaise! rien que de réalité : ce que je me fais fort de vous prouver sur l'heure même, si vous consentez à ne me point interrompre, que je n'aie achevé tout ce que j'ai à dire. — Je vous écoute, Monsieur notre adversaire. — Ainsi, Monsieur, poursuit notre interlocuteur, vous nous parlez d'une Communauté complète et réciproque de croyance, de race, d'intérêts et d'affection, et d'une Solidarité non moins étroite, par ces quatre rapports, entre la France et l'Italie, entre la France et la Bohême et la Hongrie, entre la France et la Pologne, entre la France et la Roumanie (pour parler votre langage), et l'empire Grec, etc., et vous en concluez très justement, au point de vue où vous vous placez, qu'il y a lieu de former immédiatement avec tous ces Peuples, non-seulement dans leur propre intérêt, mais encore dans l'intérêt même et pour la propre sécurité de la France, une alliance étroite et durable. Mais, Monsieur, sur quelle carte du XIXe siècle avez-vous vu que tous ces Peuples existassent réellement, en tant que Peuples, en tant que Corps de nation, ayant voix délibérative dans les Congrès européens? Où avez-vous vu seulement qu'on s'inquiétât sérieusement de les reconstituer? Et où existent-ils autre part que dans les chimères de votre imagination? Est-ce qu'il y a une Italie aujourd'hui, par exemple, pour commencer par ce qui semble vous toucher le plus, pour l'instant? Est-ce que vous voyez seulement un peuple Italien? Déchirée en neuf différents morceaux, appartenant à neuf différents maîtres, cette infortunée nation, à l'exception du Piémont menacé même à cette heure dans son existence, est écrasée tout entière présentement par l'Autriche et par les séides de l'Autriche. Et loin de vouloir qu'il y ait une nation Italienne, loin de chercher à constituer un peuple Italien, l'Autriche et ses séides ne s'appliquent qu'à une chose, à diviser, autant qu'il leur est possible, l'Italie entre elle-même, et à exciter les unes contre les autres toutes les populations qui composent l'Italie. Mais je vous vois venir avec vos théories. Vous voulez que l'Italie soit pour jamais délivrée du joug abominable de l'Autriche; vous la voulez reconstituer en Corps de nation; et vous voulez, de plus, que ce soit le sang et l'argent de la France, qui coopèrent à cette délivrance, et qui aident à cette reconstitution. Mais y avez-vous bien songé, Monsieur? D'abord c'est inévitablement la guerre avec l'Autriche : sans doute avec l'Angleterre ; car soyez persuadé, comme vous le supposez parfaitement, d'ailleurs, qu'il ne conviendra nullement au gouvernement des lords de la Grande-Bretagne, soucieux de la liberté des peuples qu'autant que cela est avantageux à leurs intérêts, de voir l'influence de la France grandir sur le continent par la diminution ou par la suppression de la maison d'Autriche; et d'entrevoir poindre en même temps, à l'horizon de l'avenir, une marine Italienne capable de rivaliser avec la leur. C'est enfin la guerre probable avec la Prusse et une bonne partie de l'Allemagne. Je vous fais grâce, vous le voyez, de l'hostilité de la Russie, dont la neutralité est possible, par le ressentiment qu'elle nourrit de l'ingratitude de l'Autriche à son égard. Puis, Monsieur, en faveur de qui opérerez-vous cette délivrance de l'Italie, et travaillerez-vous à sa reconstitution, en épandant le sang et l'argent de la France? Sera-ce exclusivement en faveur de la maison de Savoie? Quelles que soient les sympathies très méritées qu'ait su se conquérir, dans toute l'Europe, le noble et chevaleresque caractère du roi Victor-Emmanuel II, avez-vous oublié, Monsieur, que les rois sont héréditaires, qu'ils sont hommes comme les autres, que les alliances royales changent au gré des caprices, des sentiments, des passions, des unions matrimoniales des Princes, et que tel monarque, l'allié fidèle et dévoué de la France aujourd'hui, peut, sinon changer lui-même, tout au moins avoir, parmi ses successeurs, un ennemi acharné et perfide de cette même France, à qui il devrait pourtant la reconstitution ou l'agrandissement du royaume dont il aurait hérité de ses pères? Or, je vous le demande, est-il d'une sage et prévoyante politique, pour la France, ouverte, de plus, par la Savoie, du côté de l'Italie, de donner à une dynastie quelle qu'elle soit, et, je vous le répète, aux dépens de son sang et de son argent, un empire aussi vivace et aussi puissant que sera l'Italie régénérée, et reconstituée en un seul corps de nation? Que si vous ne voulez pas délivrer et reconstituer l'Italie au bénéfice de la maison de Savoie, sera-ce en faveur de cet idiot barbare que l'on nomme le roi *Bomba* de Naples? Sera-ce au profit du gouvernement empesté des cardinaux Romains? Sera-ce pour une dynastie française? Mais si les Italiens veulent recouvrer leur indépendance et asseoir leur autonomie, s'ils sont prêts à accepter les secours de la France, à cet objet, ce n'est pas pour changer de maîtres, Monsieur, croyez-le bien, ces maîtres fussent-ils de France, c'est-à-dire du peuple et du pays qu'ils préfèrent à tous les autres. Enfin, supposons toutes ces difficultés surmontées, que ferez-vous du Pape? Lui enlèverez-vous le territoire qu'il occupe? En ferez-vous un Prince exclusivement spirituel? Ou bien ne ferez-vous ni l'un ni l'autre, et supprimerez-vous, pour un temps, la Papauté? De quelque côté que je me tourne, Monsieur, vous le voyez, je n'aperçois que questions insolubles, et qu'inextricables difficultés.

Passons maintenant aux autres États, qui, pas plus que l'Italie, n'ont à présent d'existence réelle et individuelle sur la carte de l'Europe, et que, toutefois, dans son propre intérêt, dites-vous, vous voulez que la France aide à délivrer et à reconstituer.

Voyons la Hongrie et la Bohême. Je suppose ces Peuples soulevés, et la France en marche pour leur venir en aide. Qu'en va-t-il résulter? Encore la guerre avec l'Autriche; sûrement avec l'Allemagne entière; peut-être bien avec la Russie; sinon avec l'Angleterre. Et au profit de qui opérerez-vous la délivrance de ces Peuples et leur reconstitution? Sera-ce au profit d'un gouvernement Monarchique, Aristocratique ou Démocratique? Ou bien, êtes-vous d'avis que, prise d'un *don-Quichottisme* universel, la France verse son sang et dépense son argent, par pur amour de la gloire, sans imposer d'avance aucunes conditions de justice, de liberté, de participation au gouvernement, en faveur de la masse des individus qu'elle aide à délivrer, et sans prendre aucune garantie sérieuse à cet objet?

Voici la Pologne à présent. Mêmes questions, mêmes obstacles. Que dis-je, Monsieur, mêmes obstacles! Ici, la France a contre elle l'Autriche, la Prusse, l'Allemagne entière, la Russie. Et à qui réservez-vous la couronne de Pologne, je vous prie? Et quelle forme de gouvernement pensez-vous établir?

Pour les Principautés Danubiennes, ou la *Roumanie*, comme il vous plaît de l'appeler, c'est toujours la même chose, et toujours la guerre, avec l'Autriche, avec la Turquie, avec l'Angleterre, et la Russie peut-être.

Quant à la Grèce, par où je termine mes observations, ah! ma foi, cher Monsieur, c'est le bouquet. La Grèce, aujourd'hui, est grande comme un mouchoir de poche, et, constamment, vous nous l'avez représentée comme un puissant empire. Puis, affectant de ne pas savoir seulement qu'il y eût un empire Ottoman, des armées Turques, des flottes Turques, en un mot un gouvernement de la Sublime-Porte, qui existe réellement au moins celui-là, tel quel, dans le concert Européen, vous n'avez pas dit un mot, mais un seul mot de l'empire du Sultan. Ce n'est pas un oubli de votre part, Monsieur, je le vois fort clairement, et je vois non moins clairement aussi où vous en voulez venir. Vous voulez chasser les Turcs de l'Europe, de Constantinople, peut-être bien encore de la Turquie d'Asie, et restaurer, à leur place, un puissant empire Grec. J'avoue bien avec vous, Monsieur, il est vrai, que les Turcs sont aujourd'hui le dernier des peuples, et les derniers des hommes. Aussi féroces qu'ignorants et barbares, ils n'ont pris de la civilisation que ses vices; et, depuis 400 ans qu'ils ont renversé l'empire Grec pour inaugurer le leur, ils ne se sont signalés dans l'Europe entière que par des exactions constantes, par une oppression sauvage, par une intolérance sanguinaire, par des brutalités inouïes, par des cruautés sans nom, par un mépris absolu de la vie de leurs subordonnés, et par un dédain honteux et une inaptitude incroyable pour tous les nobles travaux de l'art et de l'intelligence. Des plus fertiles contrées du globe ils n'ont fait qu'un désert empesté; de tous leurs sujets, plus civilisés et plus intéressants qu'eux, ils n'ont fait qu'un troupeau d'esclaves. Aussi cet empire est-il dans une décadence manifeste, et compte-t-il à peine quatre ou cinq millions de Turcs proprement dits, contre plus de quinze millions de Chrétiens-Grecs. Mais, malgré cela, Monsieur, bien que je reconnaisse sincèrement, avec vous, que c'est une honte pour la civilisation Européenne de laisser opprimer et écraser, sous ses yeux, par une poignée de bêtes féroces, toute une magnifique race, qui a été, pour ainsi dire, la mère intellectuelle de notre Europe; malgré cela, dis-je, que la France ose toucher, du bout du doigt seulement, à ce que l'on appelle si plaisamment l'intégrité de l'empire Ottoman : aussitôt c'est la guerre assurée avec la Turquie, l'Angleterre, l'Autriche, la Russie, enfin la plus formidable des coalitions. Puis, croyez-vous que, sortant de longs siècles d'esclavage, les Grecs aient assez de force et de capacité aujourd'hui, pour reconstituer de nouveau leur empire, et régner par eux-mêmes à Constantinople, sans avoir à redouter la pression peu désintéressée du protectorat envahissant de la Russie? Puis, enfin, quelle sorte de gouvernement établirez-vous? Et votre intention est-elle de donner au Roi Othon, à un Prince de Bavière, autrement dit à l'Allemagne, le trône de ce magnifique empire? Je vous le répète, Monsieur, en terminant, vos théories sont équitables et belles, véritablement conformes à la Justice éternelle et à la pure Morale du Christ; mais elles sont absolument inapplicables.

—Quelle sera donc votre conclusion, Monsieur, observerons-nous à notre interlocuteur? — Ma conclusion? — Oui! Monsieur, votre conclusion. Car enfin lorsque l'on dit ou que l'on fait quelque chose, c'est pour conclure à un résultat, j'imagine. Ma conclusion, nous répondra-t-on, c'est des vœux.... oh! des vœux bien sincères, de chaudes sympathies; et puis... que la France demeure tranquille. — C'est-à-dire, pour parler net, cher adversaire, que vous voulez, avant toutes choses, vivre en paix et mourir tranquille, sans plus vous inquiéter des nuages menaçants et des orages terribles que vous laissez accumuler sur la tête de vos petits-neveux, et qui éclateront en des désastres d'autant plus funestes, que l'on aura mis plus de retard et d'hésitation à les conjurer et à les dissoudre.

Eh bien! maintenant, Monsieur, dirai-je, à mon tour, à mon interlocuteur; veuillez m'écouter avec la même attention que j'ai mis tout à l'heure à vous suivre, et répondez franchement, et en honnête homme, aux questions que je vous vais poser.

VII.

Il y a des nations dans notre Europe, n'est-ce pas, Monsieur? Vous n'en pouvez disconvenir, puisqu'elles existent. Quelles sont les lois qui président ou qui doivent présider à leur formation? ou, en d'autres termes, quels sont les principes fixes ou les règles précises, suivant lesquels les différentes nations du globe sont constituées normalement, ou doivent être normalement constituées? Ne vous semble-t-il pas que ce doit être, d'une part, *les limites naturelles nettement tracées par la Nature ;* et, d'une autre part, l'*identité de langage ?* — Rien de plus vrai. — Or, Monsieur, depuis le versant méridional de ce grand demi-cercle que forment les Alpes, depuis les côtes Orientales de l'Adriatique jusqu'à la pointe extrême de la Sicile (ce sont, au surplus, ses anciennes limites), l'Italie est-elle délimitée par des frontières très clairement marquées par la Nature, et parle-t-elle fondamentalement une même langue nationale? — C'est positif. — De par les principes et les lois mentionnés ci-dessus, l'Italie a donc le droit, Monsieur, *droit inaliénable et imprescriptible,* de former une seule et même nation, de composer un seul et même peuple, de vivre librement de sa vie propre, et de se développer largement dans la plénitude de son

indépendance et dans l'omnipotence de son autonomie.
— Je ne le puis nier.

Mais, maintenant, avons-nous vu plus haut que la France fût véritablement en Communauté de croyance, de race, d'intérêts et d'affection avec l'Italie, et Solidaire avec elle par ces quatre côtés? Avons-nous vu qu'il était d'un intérêt de premier ordre pour la France, d'avoir, comme amie et pour alliée dévouée et fidèle, une des plus belles et des plus intelligentes populations du globe, limitrophe de ses propres frontières, dont les armées valeureuses ne lui feraient jamais faute au cas d'une attaque de la Russie ou d'une irruption des races Mongoles, et dont la marine développée lui permettrait de contrebalancer avec avantage l'avide domination de l'Angleterre sur la libre navigation des mers? — Cela est vrai.

— Or, Monsieur, s'il en est ainsi, si la France est unie à l'Italie par une Communauté et une Solidarité si complètes et si réciproques, la France, dans son propre intérêt, autant au moins que dans l'intérêt de l'Italie elle-même, *doit* donc coopérer à la délivrance de cette noble contrée, l'arracher au joug sanguinaire de l'Autriche, et l'aider à se reconstituer en un vigoureux peuple. — Je suis forcé de l'accorder. — Mais, dites-vous, c'est la guerre? Cette guerre sera-t-elle juste, Monsieur? — Je n'en puis disconvenir. — Donc elle est nécessaire. Or, à votre avis, Monsieur, dès qu'une chose est jugée nécessaire, la faut-il ajourner par lâche prudence, l'exécuter avec mollesse, la conduire avec irrésolution, ou bien la doit-on entreprendre avec un inébranlable esprit de décision, et la pousser avec une vigueur extrême, surtout lorsqu'on en possède les moyens. — Une chose reconnue nécessaire, doit, je l'avoue, être menée vivement et vigoureusement. — Cette

guerre de la France, pour la délivrance et la reconstitution
de l'Italie, étant reconnue *juste* et en même temps *nécessaire*, doit donc, Monsieur, être entreprise sans retard,
lancée avec une énergie impétueuse, et soutenue avec une
constance héroïque, jusqu'à ce que l'on ait obtenu les
résultats qui importent aux réels intérêts de la France.
—Eh! oui!—Mais, dites-vous encore, au profit de qui?
Quel gouvernement établir? Que fera-t-on du Pape? Déli-
vrons d'abord l'Italie, Monsieur, chassons pour jamais
l'Autrichien de cette belle patrie, sans pour cela remplacer
ce tyran abhorré par un maître Français; reconstituons
cette magnifique nation en un seul peuple, soumis aux
mêmes lois, se gouvernant *lui-même* par ses délégués;
jouissant tout entier, à l'exception seule de l'ordre ec-
clésiastique, des malfaiteurs et de ceux qui ne savent
ni lire ni écrire, du droit d'élire ses représentants et
d'être élu lui-même; répandant, sur tous ses enfants,
les bienfaits de l'instruction, rendue *obligatoire;* et, surtout, protégeant et défendant lui-même ses institutions et
son indépendance par *tous ses citoyens, sans aucune exception*, honorables et valides, formant l'Armée de la Patrie:
et nous nous occuperons du reste ensuite. Toutefois,
Monsieur, soyez bien convaincu, d'avance, que la France
entière n'est plus d'humeur à verser son sang et à prodiguer ses trésors, en faveur des Faibles et des Opprimés,
pour satisfaire des fantaisies d'ambition individuelle, pour
laisser courber de nouveau sous le joug, par qui que ce
soit, les peuples qu'elle délivre, et pour permettre qu'on
leur impose des lois et des constitutions inférieures à
celles sous lesquelles elle vit elle-même.

Passons maintenant à la Bohême et à la Hongrie. Le
pays que l'on appelle la Bohême, tout restreint qu'il soit,

parle-t-il une même langue nationale; et a-t-il reçu de la
Nature des limites bien marquées, qui indiquent clairement qu'il ne doit former qu'un seul et même peuple? —
A l'inspection de la carte on serait tenté de le supposer.
— D'un autre côté, Monsieur, cette héroïque Hongrie
parle-t-elle aussi une même langue nationale : et les monts
Moraves, la puissante chaîne des Carpathes, et les Alpes
Orientales, qui la ceignent au Nord, à l'Est, au Sud et à
l'Ouest (ce sont à peu près ses anciennes limites, veuillez-le
remarquer), tout cela enseigne-t-il clairement que, par
l'ordre de la Nature, ce vaillant peuple a le droit, *droit
inaliénable et imprescriptible*, de former aussi une véritable nation, de composer aussi un puissant empire, vivant
largement de sa vie propre, et se développant librement
dans son autonomie? — Je le confesse. — Maintenant,
Monsieur, avons-nous vu que ces deux peuples fussent réellement, avec la France, en Communauté et en Solidarité de
croyance, d'intérêts, d'affection, de race même, puisque
c'est une colonie de Gaulois, les Boii, qui donna son nom
à la Bohême, et que les Gaulois, encore, sous le nom du
grand peuple des Scordisques, demeurèrent longtemps
dans la vallée du Danube? Et avons-nous vu, surtout,
qu'il était d'un immense intérêt, pour la France, de reconstituer comme États libres, et d'avoir là, pour alliées
intimes et fidèles, ces deux nations valeureuses et guer-
rières, dont l'une, la Bohême, comme cachée dans un nid
impénétrable, semble devoir être le dernier asile de
toutes les libertés ; et dont l'autre, presque aussi heureusement protégée par des barrières naturelles, sera un second rempart à opposer, vers l'Est, aux débordements de
la Russie, et aux futures invasions Mongoliques? — Cela
est vrai. — Or, Monsieur, si la France est unie à la Bo-

hême et à la Hongrie par une Communauté et une Solidarité si complètes et si réciproques, la France, dans son propre intérêt, autant au moins que dans l'intérêt de ces deux peuples, *doit* donc coopérer efficacement à leur délivrance, les arracher au joug sanguinaire de l'Autriche, et les aider à se reconstituer en États indépendants? — Je commence à le croire. — Mais, dites-vous, c'est la guerre? Cette guerre sera-t-elle juste, Monsieur? — Je suis contraint de l'avouer. — Donc elle est nécessaire. Or, du moment qu'une chose est reconnue *juste* et en même temps *nécessaire*, vous savez ce dont nous sommes convenus, cher Monsieur. — Oui! oui! qu'il la faut pousser avec une vigueur extrême. — Mais, avez-vous dit encore, quel gouvernement établir? Sera-ce une Monarchie, une Aristocratie ou une Démocratie? Reconstituons 'd'abord, comme il est juste, ces deux peuples dans leur Nationalité, cher Monsieur; qu'ils se gouvernent librement par leurs délégués; que tous leurs citoyens honorables et sachant lire et écrire aient le droit de suffrage dans les élections et le droit d'être élus eux-mêmes; que tous reçoivent les bienfaits de l'instruction, rendue obligatoire; et, surtout, qu'ils protégent et défendent eux-mêmes leurs institutions et leur indépendance, *par tous leurs citoyens, sans aucune exception*, honorables et valides, formant l'Armée de la Patrie; puis nous nous occuperons du reste ensuite.

Passons maintenant à la Pologne. Les Polonais, Monsieur, de même que les Italiens, que les Bohêmes, et que les Hongrois, ont-ils été un Peuple autrefois, et un puissant Peuple? Parlent-ils encore une même langue Nationale, malgré tous les efforts contraires? Et, bien que la Nature ne lui ait marqué ni à l'Est ni à l'Ouest des frontières aussi caractérisées, cependant, la Pologne ne semble-t-elle pas bornée régulièrement, au Nord, par la Baltique et la rive gauche de la Dwina méridionale; à l'Ouest par l'Oder; à l'Est par la rive droite du Dniéper et les ramifications de montagnes qui s'étendent du haut Dniéper au cours supérieur de la Dwina méridionale; et, enfin, au Sud, par les Carpathes et les petites ramifications de montagnes qui s'étendent du haut Dniester au cours inférieur du Dniéper? — Cela me semble juste. — Ce sont, à peu de chose près, au surplus, Monsieur, veuillez le remarquer encore, les anciennes limites de la Pologne : un peu plus resserrées du côté de la Russie, et un peu plus étendues du côté de l'Allemagne, pour nous conformer, autant qu'il est possible, au plan tracé par la Nature. La Pologne, Monsieur, a donc le droit, *droit inaliénable et imprescriptible* de se reconstituer en corps de nation, de vivre librement de sa vie propre, et de se développer pleinement dans toute l'énergie de son autonomie. — J'en demeure d'accord. — Et maintenant, Monsieur, avons-nous vu que la France fût véritablement en Communauté, sinon de race proprement dite, bien que l'influence latine se soit fait largement sentir en ce pays, au moins de croyance, d'intérêts et d'affection avec la Pologne, et conséquemment en Solidartité non moins étroite avec elle, sous ces trois rapports? — De croyance et d'affection, je le concède, mais d'intérêts!... — Quoi! Monsieur, en présence des envahissements incessants de la Russie sur le continent Européen, en prévision de ces invasions presque certaines, et auxquelles vous semblez n'ajouter qu'une médiocre créance, des races Mongoles, dans l'avenir, ne voyez-vous pas que l'intérêt pressant de la France (et, en même temps, de l'Europe tout entière) c'est d'avoir, comme première barrière à opposer, vers le, Nord et vers l'Est, à ces nouvelles irruptions de Barbares, d'avoir, comme première sauve-garde de son autonomie, comme premier rempart de son indépendance, comme chaleureux défenseur de sa légitime influence, un Peuple puissant, compacte, belliqueux, une Nation généreuse et vaillante, pleine d'amour pour la France, et prête à soutenir héroïquement le premier choc de l'agresseur, non-seulement pour se protéger elle-même, mais pour défendre en même temps les intérêts et veiller à la grandeur de la France, sa seconde patrie? — Il se pourrait que vous dissiez vrai. — Or, Monsieur, s'il en est ainsi, si la France et cette noble Pologne sont unies ensemble par une Communauté et une Solidarité si complètes et si réciproques, la France, dans son propre intérêt, autant au moins que dans l'intérêt de la Pologne elle-même, *doit* donc coopérer activement à sa délivrance, l'arracher au joug sanguinaire de l'Autriche, au joug odieux de la Prusse et de la Russie, et la reconstituer en Corps de Nation. — Sans douté. — Mais, dites-vous, c'est la guerre : c'est, contre la France, une formidable coalition ; c'est l'Autriche, la Russie, la Prusse (les trois complices du meurtre) liguées entre elles, pour garder chacune sa part de proie et de butin? Je ne vous demande qu'une chose, Monsieur, cette guerre sera-t-elle juste? — Oh! oui! assurément. — Donc elle est nécessaire. Et si elle est à la fois *juste* et *nécessaire*... — Oui! Oui! Terminez. — Maintenant qui nommerons-nous Roi de Pologne? Je n'en sais assurément rien, Monsieur. Mais, avant toutes choses, reconstituons en Corps de nation ce généreux Peuple; qu'il se gouverne librement par ses délégués ; que tous ses citoyens honorables et sachant lire et écrire aient le droit de suffrage dans les élections et le droit d'être élus eux-mêmes; que tous reçoivent les bienfaits de l'instruction, rendue obligatoire, et, surtout, qu'il protége et défende lui-même ses institutions et son indépendance *par tous ses citoyens, sans aucune exception*, honorables et valides, formant l'Armée de la Patrie, et nous songerons au reste ensuite.

Disons, en passant, un mot de l'Allemagne, Monsieur, que je vous reprocherai, à mon tour, d'avoir un peu trop oubliée, au milieu de vos objections. Dites-moi, Monsieur, bien que le peuple Allemand, par les perfides suggestions de ses gouvernants, soit animé, à cette heure, de très hostiles intentions contre la France; à ne considérer toutefois que la Justice et le bon Droit, n'êtes-vous pas d'avis que l'Allemagne, dont les habitants parlent une même langue nationale, doit former aussi un seul et même Peuple? Ne considérez-vous pas comme le comble de la démence que cette forte race soit, à l'instar de l'Italie, déchirée en trente-trois ou trente-quatre morceaux, et parquée, ainsi que des troupeaux, autour de misérables Roitelets? Enfin, les limites assignées par la Nature à ce grand État, ne vous semblent-elles pas être normalement, du Nord-Est au Nord-Ouest, entre la rive gauche de l'Oder et la rive droite du Rhin et les possessions Hollandaises: du Nord au Sud, depuis les côtes de la Baltique jusqu'au revers Septentrional des Alpes centrales; et, vers le Sud-Est, les Monts de la Forêt de Bohême, et la rive gauche de la rivière de l'Enns? — Mais, m'allez-vous objecter aussitôt, à quoi songez-vous, de vouloir reconstituer, à la porte de la France, l'Allemagne en une seule nation? N'est-il pas de l'intérêt le plus évident pour notre pays, d'un intérêt capital, que ce Peuple, qui touche à la France par toutes ses frontières de l'Est, soit divisé en une foule de petits États, discordant entre eux autant qu'il est possible, et sans consistance ni cohérence? — Monsieur, répondrons-nous, est-ce le Droit, est-ce la Justice, que l'Allemagne conquière son indépendance et fonde son autonomie? — Sans doute, mais... — Monsieur, la France est-elle, oui ou non, parmi les Peuples du Globe, et à son éternel honneur, le représentant du Droit et de la Justice? — Sans doute, mais... — Donc, Monsieur, la France *doit* coopérer activement à cette reconstitution de l'Allemagne en un seul et même Peuple, et l'aider à conquérir son indépendance.

Toutefois, pour écarter toutes vos craintes, et dissiper toutes vos inquiétudes, j'ajoute de plus ceci, c'est que, appuyée sur la Pologne, sur la Hongrie et sur l'Italie, ses trois sœurs fidèles et dévouées, la France, d'une part, n'a rien à redouter de l'Allemagne; et, d'un autre côté, unie à une Allemagne forte et centralisée, la France réagit avec plus d'énergie encore et d'avantages, sur le continent, contre les empiétements de la Russie, l'ennemi commun de toute l'Europe, aujourd'hui, ainsi.que l'Angleterre.

Terminons, Monsieur, par les Principautés Danubiennes ou la *Roumanie*, et par l'empire Grec. Les Roumains, et par là j'entends non-seulement les Moldaves, les Valaques, mais encore les habitants de la Bulgarie, de la Bessarabie, et ceux du gouvernement de Kherson jusqu'à la rive droite du Dnieper (car j'estime que la Servie, la Bosnie et la Croatie doivent faire partie de notre nouvel empire de Hongrie) ; les Roumains, Monsieur, parlent-ils une même langue nationale? Ont-ils manifesté très énergiquement depuis longtemps, et, récemment, par cette double élection du prince Couza, le désir persistant de se constituer en Corps de nation, de composer un seul et même Peuple, de vivre librement de leur vie propre, et de se développer pleinement dans leur indépendance et dans leur autonomie? La Roumanie, de plus, a-t-elle reçu de la Nature des frontières nettement tracées : au Nord et à l'Ouest, la chaîne des Carpathes et ses ramifications, au Sud les Balkans, à l'Est la mer Noire et la rive droite du Dniéper? — Vous pourriez dire vrai. — La Roumanie, Monsieur, a donc le droit, pour nous conformer à nos principes, *droit inaliénable et imprescriptible*, de former une seule et même Nation, de composer un seul et même Peuple, de réclamer sans cesse son indépendance et son autonomie, et de chercher sans relâche à conquérir l'une et l'autre, par tous les moyens qui seront en son pouvoir. — Je ne puis dire le contraire. — Maintenant, Monsieur, avons-nous vu que la France fût en Communauté fondamentale de Religion, de race même, d'intérêts et d'affection avec la Roumanie, et conséquemment en Solidarité effective avec elle par ces quatre rapports? Avons-nous vu qu'il y avait un intérêt immense pour la France (ainsi que pour l'Europe entière au surplus), intérêt d'influence, de sécurité, intérêt important de commerce et de prospérité, à faire établir sur les rives du Danube, en Corps de nation, un peuple intelligent, valeureux, plein de sympathie et de dévouement pour notre pays, et qui formât, vers le Sud-Est de l'Europe, une avant-garde vaillante et vigoureuse contre les empiétements de la Russie, et les invasions futures des peuplades Tartares et Mongoles? — Cela est encore vrai, je l'avoue. — Or, Monsieur, si la France est en Communauté et en Solidarité si complètes et si réciproques avec la Roumanie, la France, dans son propre intérêt, autant au moins que dans l'intérêt de la Roumanie elle-même, *doit* donc appuyer énergiquement, et par la parole dans les congrès Européens, et au besoin par l'épée sur les champs de bataille, les vœux et les manifestations unanimes de ces populations, pour s'unir en un seul peuple, et se constituer en Corps de nation indépendant. — Je suis forcé d'en convenir. —Mais, dites-vous toujours, c'est la guerre? — Cette guerre sera-t-elle juste, Monsieur? — Je l'avoue. —Donc elle est nécessaire. Or, lorsqu'une guerre est à la fois *juste* et *nécessaire*... — Oui! oui! oui! — Maintenant quel Chef établir? Sera-ce un Chef national? Sera-ce un Prince étranger? Bien que je sois d'avis qu'un Chef national doit toujours être préféré, aidons, avant toutes chose, Monsieur, la Roumanie à se constituer. Qu'elle se gouverne librement par ses délégués. Que tous ses citoyens honorables et sachant lire et écrire aient le droit de suffrage dans les élections, et le droit d'être élus euxmêmes; qu'ils jouissent tous des bienfaits de l'éducation, rendue obligatoire; et, surtout, que la Roumanie protége et défende elle-mème ses institutions et son indépendance *par tous ses citoyens*, *sans aucune exception*, honorables et valides, formant l'Armée de la Patrie; et nous verrons pour le reste ensuite.

J'arrive enfin, cher Monsieur, à ce que vous avez appelé vous-même le bouquet, je veux dire à la Grèce.

Je ne m'appesantirai pas, Monsieur, sur le caractère des Turcs proprement dits, de ces *bêtes féroces à face humaine*, comme les a stigmatisés si justement M. de Chateaubriand; vous les avez vous-mêmes trop bien dépeints et caractérisés. J'ajouterai seulement ceci : c'est que les Turcs proprement dits sont non-seulement des *bêtes féroces*, aussi bien à l'égard de leurs coreligionnaires Maures et Arabes, que des *chiens* de Chrétiens; mais que, de plus, ce sont des *bêtes brutes*, incapables foncièrement de faire grandir en civilisation les Peuples admirablement doués qu'ils oppriment, et incapables de recevoir eux-mêmes les réels bienfaits de la civilisation; c'est-à-dire de s'élever moralement par une plus grande somme d'idées, par la culture positive de l'intelligence, par la noblesse et le rayonnement des sentiments, en un mot, par une *humanisation* véritable de leur propre naturel. C'est une race non moins barbare qu'il y a cinq cents ans. C'est une race qui dégrade et avilit des populations incomparablement supérieures et trois fois plus nombreuses qu'elle, que l'Europe, qui doit tout à leurs ancêtres, sa civilisation, ses arts, sa littérature, a la lâcheté et l'infamie de lui laisser écraser sous son pied. C'est une race qui fait tache parmi les peuples de l'Europe. C'est une race décrépite, dont l'empire qui se dissout et la sanguinaire oppression ne subsistent plus que par l'état immoral, et par l'appui antichrétien des grandes puissances de l'Europe. C'est une race que nous ne croyons guère possible d'absorber dans le mélange des Chrétiens, devenus les dominateurs et les maîtres : conséquemment c'est une race à refouler énergiquement jusque vers les confins de l'Arabie, et, en cas de rébellion obstinée, c'est une race à faire disparaître radicalement de la surface de la Terre.

Ceci posé, Monsieur, la majeure partie des habitants des deux Turquies parle-t-elle une même langue nationale, la langue Grecque? — Je ne le puis nier. — Cette horde sauvage de Turcs chassée, domptée ou anéantie, et le mot de Turquie rayé de la carte; les limites de la Grèce d'*Europe*, clairement marquées par la Nature, ne vous semblent-elles pas être, au Nord, la chaîne des Balkans; à l'Est, la mer Noire; à l'Ouest et au Sud, la Méditerranée? — En admettant qu'il n'y ait plus de Turquie, cela me semble juste. — D'un autre côté, Monsieur, les limites de la Grèce d'*Asie*, non moins clairement marquées par la Nature, ne vous semblent-elles pas être, au Nord, la

mer Noire; à l'Est, le Caucase; au Sud, la chaîne du Tau-
rus occidental; à l'Ouest et au Sud-Ouest, la Méditerranée?
— En admettant toujours qu'il n'y ait plus de Turquie,
je n'y vois rien à redire. — Je vais même plus loin, Monsieur. Ne vous semble-t-il pas juste et convenable, dans
l'intérêt de l'Europe entière, que les magnifiques contrées, désolées et désertes aujourd'hui par la barbarie des
Turcs, qu'arrosent les eaux du Tigre et celles de l'Euphrate,
jusqu'au golfe Persique, fassent partie de notre nouvel
empire Grec, dont elles dépendaient au surplus, autrefois,
et qui sont encore peuplées, pour la plus grande part,
d'habitants de race Grecque? — En admettant toujours
qu'il n'y ait plus de Turquie, je vous l'accorde volontiers. — Enfin, Monsieur, ne considérez-vous pas comme
un acte de haute justice, à l'égard de l'Europe, et comme
une mesure de convenance suprême envers la Religion,
que les lieux appelés Saints, en d'autres termes,
que la Terre, qui fut le berceau du Christianisme, soit
arrachée pour jamais à la domination des Turcs, an-
nexée définitivement à l'Europe Chrétienne, et confiée
à la protection et à la garde du peuple Chrétien le plus
voisin, autrement dit, de notre nouvel empire Grec? —
Oh! pour cela oui! de tout cœur. — La majeure partie
des habitants de l'ancien empire Grec (appelé aujourd'hui
improprement Turquie d'Europe et d'Asie), parlant une
même langue nationale, et, de plus, ayant reçu de la Nature des frontières très nettement tracées; la Grèce,
Monsieur, a donc le droit, *droit inaliénable et imprescriptible*, de former une véritable Nation, de recomposer
son puissant empire, de vivre largement de sa vie propre,
et de se développer librement dans toute la plénitude de
son indépendance et dans toute l'originalité de son auto-

nomie. — Sans doute. — Maintenant, Monsieur, avons-nous vu que la France fût unie à la Grèce par une forte et véritable Communauté de croyance, de race, d'intérêts et d'affection, et conséquemment, par une Solidarité non moins puissante et non moins réelle? — De croyance et de race, je le reconnais, mais d'intérêts et d'affection, je ne le vois pas aussi clairement, car la Grèce est assez distante de la France, et nous n'entretenons pas, avec elle, des rapports très fréquents. — Quoi! ne voyez-vous pas quel triple intérêt a la France, et, je dis plus, l'Europe entière (car les intérêts de la France sont ceux de l'Europe) à faire revivre l'empire Grec? L'empire Grec ressuscité, du même coup est résolue la difficulté toujours pendante de cette interminable question d'Orient, que la force des choses contraindra bien de résoudre, un jour, pourtant; et, du même coup, est assurée vigoureusement, vers le Sud, la sécurité de l'Europe contre les empiétements de la Russie, et les invasions des races Mongoliques. L'empire Grec ressuscité, d'un autre côté, c'est une puissance maritime de premier ordre créée et concentrée, et la jalouse et funeste domination de l'Angleterre, sur l'empire des mers, contre-balancée et annihilée. L'empire Grec ressuscité, enfin, c'est la civilisation de l'Europe, et les fraternels préceptes de la morale du Christ, rayonnant et débordant vers l'Occident de l'Asie, et c'est, en même temps, d'immenses débouchés ouverts à l'industrie, au commerce, à l'activité et à la prospérité de toutes les nations du Nord.

Maintenant, pour ce qui est de la communauté d'affection, n'avez-vous pas dit vous-même, Monsieur, que la Grèce était la véritable mère intellectuelle de l'Europe? N'est-ce pas, en effet, à ce peuple, trois fois saint, que nous devons d'être ce que nous sommes présentement? N'est-ce pas de lui, de ses débris épars à travers le monde, que nous vivons encore aujourd'hui, pour ainsi dire? N'a-t-il pas tout inventé, dans les arts, dans les lettres, dans les sciences? Aucun Peuple nous a-t-il procuré plus de pures et vives jouissances intellectuelles? Aucun Peuple a-t-il réalisé davantage, en toutes ses conceptions, cette beauté idéale et surhumaine, ce type supérieur et divin vers lesquels gravitent sans cesse et sans cesse tous les efforts et les aspirations ardentes de l'espèce humaine? Ne voyez-vous pas même que si l'Europe, fatiguée plutôt que vieillie, se veut régénérer encore ; si elle veut rajeunir, se renouveler, recréer une *Renaissance*, il lui faut se retremper sérieusement, comme les grands artistes du xvi⁰ siècle, dans l'étude et dans l'imitation de tous ces chefs-d'œuvre, si purs de forme, si sobres de mouvement, si nets d'expression, si sublimes d'idéal, que l'injure du temps et la hache des Barbares ont laissés venir jusqu'à nous? Pensez-vous, Monsieur, qu'entre un tel Peuple et ceux qu'il a initiés à toutes ces magnifiques splendeurs de l'intelligence, entre un tel Peuple et ceux qui en descendent moralement et artistiquement, d'une façon si évidente, il n'y ait pas une communauté effective, puissante, éternelle et réciproque de sympathies, d'affection et d'indestructible amitié? — Vous dites vrai. — Or, Monsieur, si la France est unie à la Grèce par une Communauté et une Solidarité si intimes et si réciproques, la France, dans son propre intérêt, autant au moins que dans l'intérêt de la Grèce elle-même, *doit* donc coopérer vigoureusement à la délivrance de cette race d'élite, l'arracher au joug farouche et sanguinaire de cette tourbe abjecte de Turcs, et l'aider énergiquement à se reconstituer en Corps de Nation. — Assurément. — Mais, dites-vous, c'est la guerre, c'est peut-être contre la France une formidable coalition? Cette guerre sera-t-elle juste, Monsieur? — Oui! Certes. — Donc elle est nécessaire. Et si elle est à la fois *juste* et *nécessaire*... — Oui! Oui! c'est rondement qu'il la faut mener. — Mais, dites-vous encore, quel gouvernement établir? Reconstituons d'abord, Monsieur, cet empire nécessaire ; qu'il se gouverne librement par ses délégués ; que tous ses habitants honorables et sachant lire et écrire aient le droit de suffrage dans les élections, et le droit d'être élus eux-mêmes ; que tous jouissent des bienfaits de l'instruction, rendue obligatoire ; et, surtout, que ce Peuple défende et protége lui-même ses institutions et son indépendance *par tous ses citoyens, sans aucune exception*, honorables et valides, formant l'Armée de la Patrie, et puis nous aviserons au reste ensuite.

— Mais enfin, nous objectera notre interlocuteur obstiné, que faites-vous de l'Autriche, si vous lui enlevez ainsi toutes ses possessions? — Monsieur, répondrons-nous, que fit le Christ de l'arbre qui portait éternellement de mauvais fruits ? — Il ordonna de le couper et de le jeter au feu. — C'est au fruit que l'on connaît l'arbre, a dit encore le Christ? — Assurément. — Or, quels sont les fruits que, depuis des siècles et sans vouloir ni pouvoir s'amender, produit l'arbre de Habsbourg, ou la maison d'Autriche? Ne sont-ce pas éternellement des fruits de haine, d'esclavage, de division et de mort? — On ne peut dire le contraire. — Donc, Monsieur... — Quoi! — Oui! Monsieur, au nom du Christ, l'Autriche proprement dite doit être *supprimée;* son nom rayé de la carte de l'Europe; son habit d'arlequin disloqué; tous les morceaux qu'elle a volés et qu'elle s'est adjoints par la force, disjoints d'elle par la force; la Lombardie et la Vénétie rendues à l'Italie; la Gallicie à la Pologne; la Hongrie avec les régions qui en dépendent par la nature, et la Bohême rendues à elles-mêmes. — Mais l'empereur d'Autriche? — Il n'y a plus d'empereur d'Autriche, Monsieur ; il ne reste qu'un barbare, *excommunié* de l'espèce humaine et indigne de toute commisération, qui a fait fouetter et pendre en public des femmes coupables de patriotisme, qui a fait fusiller ou massacrer des milliers de patriotes Hongrois, Polonais, Italiens ; et qui fait encore, à cette heure, aiguiser, en hâte, la hache de ses bourreaux, pour continuer le cours, si doux à son cœur, de ses égorgements et de ses tueries, jusqu'à ce qu'enfin l'Europe indignée y mette pour toujours un terme.

— Mais... mais... que fera la France seule, si tous les *Princes* se liguent à la fois contre elle ? — Il reste les PEUPLES, Monsieur, sans qui les Princes ne sont rien, et ne peuvent rien être : et, appuyée sur le Peuple Italien, appuyée sur le Peuple Hongrois, appuyée sur le Peuple Roumain, appuyée sur le Peuple Polonais, appuyée sur le Peuple Grec, appuyée sur les Peuples de la Bohême, de Suède, de Danemark, de Hollande, et finalement sur le Peuple Allemand ; enrôlée sous les drapeaux du Christ, marchant à la plus sainte des Croisades, celle de l'affranchissement des Peuples ; portant haut et ferme l'immortelle bannière du Droit et de la Justice ; arborant fièrement, aux yeux de tous, cette étincelante devise de la *Solidarité des hommes* et de *la Fraternité des Peuples*, qui donc, de par le monde, aura l'audace insensée, je ne dis pas de tourner ses armes contre la France, mais seulement de faire résistance aux conseils ou aux injonctions *de ce véritable soldat de Dieu*, comme l'appelle si justement le grand William Shakspeare.

FIN.

www.ingramcontent.com/pod-product-compliance
Lightning Source LLC
Chambersburg PA
CBHW051137050726
47594CB00003B/1135